INVENTAIRE
V 33317

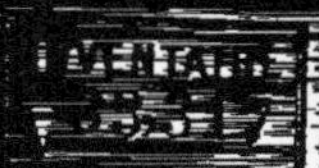

RECHERCHES

SUR LA

DÉTERMINATION DES FATIGUES QUE SUBISSENT LES LONGERONS

DANS

LES PONTS TOURNANTS

PAR

M. J.-H. BROEKHANS

Ingénieur au corps des Ponts et Chaussées.

In-8° avec planches

(Extrait des *Annales du Génie civil*)

ANNÉES 1873 ET 1874

Prix : 4 fr.

PARIS

LIBRAIRIE SCIENTIFIQUE, INDUSTRIELLE ET AGRICOLE

Eugène LACROIX, Imprimeur-Éditeur

Libraire de la Société des Ingénieurs civils de France, de celle des anciens Élèves
des Écoles nationales d'Arts et Métiers, de la Société des Conducteurs des Ponts et Chaussées
de MM. les Mécaniciens de la Marine, etc., etc.

54, RUE DES SAINTS-PÈRES, 54

1874

ANNALES

ET

ARCHIVES DE L'INDUSTRIE AU XIXᵉ SIÈCLE

NOUVELLE TECHNOLOGIE

DES ARTS ET MÉTIERS

des MANUFACTURES, de L'AGRICULTURE,

des MINES, etc.

DESCRIPTION GÉNÉRALE, ENCYCLOPÉDIQUE, MÉTHODIQUE ET RAISONNÉE

DE L'ÉTAT ACTUEL

des Arts, des Sciences, de l'Industrie et de l'Agriculture chez toutes les nations

RECUEIL DE TRAVAUX HISTORIQUES, TECHNIQUES, THÉORIQUES ET PRATIQUES

PAR MM. LES RÉDACTEURS DES *Annales du Génie civil*

Avec la collaboration

DE SAVANTS, D'INGÉNIEURS ET DE PROFESSEURS FRANÇAIS ET ÉTRANGERS

E. LACROIX

MEMBRE DE LA SOCIÉTÉ INDUSTRIELLE DE MULHOUSE ET DE L'INSTITUT ROYAL DES INGÉNIEURS HOLLANDAIS

Directeur de la Publication

TOME TROISIÈME

PARIS

LIBRAIRIE SCIENTIFIQUE, INDUSTRIELLE ET AGRICOLE

Eugène LACROIX, Éditeur (1)

LIBRAIRE DE LA SOCIÉTÉ DES INGÉNIEURS CIVILS, DE LA SOCIÉTÉ DES ANCIENS ÉLÈVES DES ÉCOLES
D'ARTS ET MÉTIERS, DE LA SOCIÉTÉ DES CONDUCTEURS DES PONTS ET CHAUSSÉES, ETC.

QUAI MALAQUAIS

---

(1) Réunion (en 1856) des anciennes maisons Malher et Cᵉ (fondée en 1816), Aug. Mathis (fondée en 1827), Imprimeurs-unis (fondé en 1842), G. Comon (fondée en 1848).

CONSTRUCTION DES PONTS

NOTE

SUR LES LONGERONS

DANS LES

PONTS TOURNANTS

Paris. — Imprimerie et librairie de E. Lacroix, rue des Saints-Pères, 56.

RECHERCHES

SUR LA

DÉTERMINATION DES FATIGUES QUE SUBISSENT LES LONGERONS

DANS

LES PONTS TOURNANTS

PAR

M. J.-H. BROEKHANS

Ingénieur au corps des Ponts et Chaussées.

In-8° avec planches

(Extrait des *Annales du Génie civil*)

ANNÉES 1873 ET 1874

Prix : 4 fr.

PARIS

LIBRAIRIE SCIENTIFIQUE, INDUSTRIELLE ET AGRICOLE

Eugène LACROIX, Imprimeur-Éditeur

Libraire de la Société des Ingénieurs civils de France, de celle des anciens Élèves
des Écoles nationales d'Arts et Métiers, de la Société des Conducteurs des Ponts et Chaussées
de MM. les Mécaniciens de la Marine, etc., etc.

54, RUE DES SAINTS-PÈRES, 54

RECHERCHES

SUR

LA DÉTERMINATION DES FATIGUES

QUE SUBISSENT

LES LONGERONS DANS LES PONTS TOURNANTS,

ou généralement

**Les pièces équilibrées autour d'un support et calées à leurs extrémités,
par les efforts plus ou moins grands, sur deux appuis situés de part et d'autre de ce support,
à des distances quelconques ;**

Par **M. J.-H. BROEKHANS** (1).

Ingénieur au corps des Ponts et Chaussées.

PLANCHE II, FIG. 3, 4, 5, 6 ET 7.

Les fatigues auxquelles sont exposés les longerons des ponts tournants dépendent évidemment des conditions particulières dans lesquelles ces pièces sont placées. La partie des longerons qui appartient à la culasse du pont peut être égale en longueur ou plus courte que la partie qui correspond à la volée et par suite le contrepoids destiné à équilibrer la volée peut être plus ou moins grand. Ces parties peuvent être chargées de diverses manières, notamment : d'un poids uniformément distribué sur une partie ou sur la totalité de la volée mais non sur la culasse ; d'un poids également distribué sur une partie ou sur la totalité de la culasse mais non sur la volée ; enfin d'un poids uniformément réparti sur les deux travées et dans ces différents cas le pont peut être calé à ses extrémités par des efforts plus ou moins grands ou ne pas l'être du tout. Nous nous proposons dans ce qui suit de rechercher quelle est l'influence de ces diverses circonstances sur les fatigues qu'éprouvent les longerons, et de trouver par là les conditions qui leur sont avantageuses au point de vue de la résistance. Pour les ponts tournants à grande portée et destinés au passage de fortes charges, il importe de déterminer aussi exactement que possible les dimensions de ces pièces, afin d'éviter qu'elles ne deviennent trop lourdes et de faciliter ainsi la manœuvre de semblables ouvrages. Les calculs qui suivent seront d'ailleurs applicables, sans changement, au cas général d'une pièce équilibrée autour d'un support et portée à ses extrémités sur deux appuis situés à différents niveaux.

1° *Poids uniformément distribué sur une partie ou sur la totalité de l'une des deux travées.*

Si l'on désigne (fig. 4, pl. II, n° de janvier 1873) par :

V et C les extrémités de la volée et de la culasse,

P le pivot,

---

(1) Extrait des *Annales du Génie civil*, Juillet 1873.

p et p_1 le poids que supporte le longeron lorsque le pont n'est pas chargé et la surcharge du longeron par mètre courant,

y la longueur de la partie PP' de la volée non occupée par la surcharge,

x la distance du pivot à une section quelconque du longeron,

f la flèche du longeron à cette distance,

$2a$ la longueur de la volée,

2α la longueur de la culasse,

R et R_1 les réactions exercées par les appuis sur les longerons aux extrémités de la volée et de la culasse,

ε le moment d'élasticité du longeron,

μ le changement de longueur qu'éprouvent par unité de longueur les fibres les plus éloignées de l'axe neutre, dans une section quelconque dont la distance au pivot est x,

h' la distance de ces fibres à l'axe neutre,

l'on a pour les expressions de la fatigue ou du moment fléchissant.

Dans la partie VP^1 :

$$\frac{\varepsilon\mu}{h'} = \frac{\varepsilon d^2 f}{dx^2} = \frac{p+p_1}{2}(2a-x)^2 - R(2a-x) \quad\ldots\quad (1)$$

avec la condition de $2a > x > y$.

$\dfrac{p(2a-x)^2}{2}$ est le moment du poids de la partie OV par rapport à la section O située à la distance x du pivot,

$\dfrac{p_1(2a-x)^2}{2}$ le moment de la surcharge de la partie OV par rapport à la même section,

$R(2a-x)$ le moment de la réaction en V.

Dans la partie $P'P$:

$$\frac{\varepsilon\mu}{h'} = \frac{\varepsilon d^2 f}{dx^2} = \frac{p}{2}(2a-x^2) + \frac{p_1}{2}(2a-y)(2a+y-2x) - R(2a-x) \quad\ldots\quad (2)$$

avec la condition $x < y < 2a$.

$\dfrac{p_1}{2}(2a-y)(2a+y-2x)$ est le moment de la surcharge de la partie $P'V$ par rapport à la section O' située à la distance x du pivot.

Dans la partie PC :

$$\frac{\varepsilon\mu}{h'} = \frac{\varepsilon d^2 f}{dx^2} = \frac{p}{2}(2\alpha + x)^2 + \frac{p(a^2 - \alpha^2)}{\alpha}(2\alpha + x) - R_1(2\alpha + x) \quad\ldots\quad (3)$$

avec la condition $2\alpha > -x > o$.

x est supposé négatif dans cette partie.

$\dfrac{p}{2}(2\alpha + x)^2$ est le moment du poids de la partie CO' par rapport à une section O' située dans la culasse à la distance $-x$ du pivot.

$\dfrac{p(a^2 - \alpha^2)}{\alpha}(2\alpha + x)$ le moment du contre-poids, supposé concentré à l'extrémité de la culasse, qui fait équilibre à la volée, par rapport à la même section O'', $R_1 (2\alpha + x)$ le moment de la réaction en C.

Déterminons les réactions R et R_1.

Nous aurons une première relation entre ces deux quantités en égalant les valeurs de $\frac{\varepsilon\mu}{h}$ fournies par les équations (2) et (3) lorsqu'on y fait $x=o$. On obtient ainsi :

$$\frac{p_1}{2}(4a^2 - y^2) + 2\alpha R_1 = 2a R. \quad \ldots \quad (4)$$

Pour trouver une deuxième relation entre R et R_1, il est nécessaire de tenir compte des hauteurs des trois points d'appui du longeron et par conséquent de calculer les flèches en C et V, par l'intégration des équations (1), (2) et (3). Si l'on ordonne ces équations par rapport à x, il vient :

$$\varepsilon\frac{d^2 f}{dx^2} = x^2 \frac{p+p_1}{2} - x\left[2ap_1 + 2ap - R\right] + 2a^2 p_1 + 2a^2 p - 2aR. \quad \ldots$$
$$x > y. \quad \ldots \quad (5)$$

$$\varepsilon\frac{d^2 f}{dx^2} = x^2 \frac{p}{2} - x\left[(2a - y)p_1 + 2ap - R\right] + 2a^2 p_1 - p_1\frac{y^2}{2} + 2a^2 p -$$
$$2aR. \quad \ldots \quad x < y. \quad \ldots \quad (6)$$

$$\varepsilon\frac{d^2 f}{dx^2} = \frac{x^2 p}{2} + x\left[\alpha p + \frac{a^2 p}{\alpha} - R_1\right] + 2a^2 p - 2\alpha R_1. \quad \ldots \quad x < o. \quad \ldots \quad (7)$$

L'on trouve par l'intégration, ε étant considéré comme constant :

$$\varepsilon\frac{df}{dx} = \frac{x^3}{6}(p + p_1) - \frac{x^2}{2}(2ap_1 + 2ap - R) + x(2a^2 p_1 + 2a^2 p - 2aR)$$
$$+ c. \quad \ldots \quad (8)$$

$$\varepsilon\frac{df}{dx} = \frac{x^3}{6}p - \frac{x^2}{2}\left[(2a - y)p_1 + 2ap - R\right] + x\left(2a^2 p_1 - p_1\frac{y^2}{2} + 2a_2 p\right.$$
$$\left. - 2aR\right) + c'. \quad \ldots \quad (9)$$

$$\varepsilon\frac{df}{dx} = \frac{x^3}{6}p + \frac{x^2}{2}\left[\alpha p + \frac{a^2 p}{\alpha} - R_1\right] + x(2a^2 p - 2\alpha R_1) + c''. \quad \ldots \quad (10)$$

Deux constantes arbitraires c' et c'' seront déterminées en fonction de la troisième c, si l'on exprime que les équations (8) et (9) doivent donner la même valeur de $\frac{df}{dx}$ lorsque l'on y fait $x = y$, tandis que (9) et (10) doivent donner la même valeur de $\frac{df}{dx}$ pour $x = o$, ce qui donne

$$c'' = c' = c + \frac{y^3}{6}p_1$$

Intégrons une seconde fois en tenant compte des valeurs de c' et c''; nous aurons :

$$\varepsilon f = \frac{x^4}{24}(p + p_1) - \frac{x^3}{6}(2ap_1 + 2ap - R) + \frac{x^2}{2}(2a^2 p_1 + 2a^2 p - 2aR)$$
$$+ xc + c_1. \quad \ldots \quad (11)$$

$$\varepsilon f = \frac{x^4}{24}\, p - \frac{x^3}{6}\Big[(2a-y)\,p_1 + 2ap - R\Big] + \frac{x^2}{2}\Big[2a^2 p_1 - p_1\,\frac{y^2}{2} +$$
$$2a^2 p - 2aR\Big] + x\Big(\frac{y^3}{6}\,p_1 + c\Big) + c_2 \quad \ldots \quad (12)$$

$$\varepsilon f = \frac{x^4}{24}\, p + \frac{x^3}{6}\Big[\alpha p + \frac{a^2 p}{\alpha} - R_1\Big] + \frac{x^2}{2}\Big[2a^2 p - 2\alpha R_1\Big] + x$$
$$\Big(\frac{y^3}{6}\,p_1 + c\Big) + c_3 \quad \ldots \quad (13)$$

Il reste à trouver cinq relations entre les constantes $R\,R_1\ c\,c_1\ c_2\,c_3$, lesquelles jointes à l'équation (4) permettront de déterminer ces six inconnues; or, si nous désignons par h et h_1 les hauteurs de la partie inférieure du longeron respectivement à l'extrémité de la volée et de la culasse au-dessous de la partie inférieure du longeron au droit du pivot, nous pourrons dans les équations (12) et (13) faire $f = o$ pour $x = o$; dans (11) $f = h$ pour $x = 2a$; dans (13) $f = h_1$ pour $x = -2\alpha$; et enfin il restera à exprimer que les valeurs de f fournies par (11) et (12) doivent être égales pour $x = y$.

L'on obtient ainsi :

$$c_2 = c_3 = o \qquad c_1 = \frac{y^4}{24}\,p_1$$

$$\varepsilon h = 2a^4 p + p_1\Big(2a^4 + \frac{y'}{24}\Big) - \frac{8}{3}\,a^3 R + 2ac \quad \ldots \quad (14)$$

$$\varepsilon h_1 = \frac{2}{3}\,\alpha^2 p\,(4a^2 - \alpha^2) - \frac{\alpha y^3}{3}\,p_1 - 2\alpha c - \frac{8}{3}\,\alpha^3 R_1 \quad \ldots \quad (15)$$

Les équations (4), (14), (15) serviront à trouver les constantes c, R et R_1; si l'on élimine c entre les deux dernières il vient :

$$\varepsilon\,(a h_1 + \alpha h) = 2a\alpha p\Big(\frac{4}{3}\,a^2\alpha - \frac{\alpha^3}{3} + a^3\Big) +$$
$$+ \alpha p_1\Big(2a^4 + \frac{y^4}{24} - \frac{a y^3}{3}\Big) - \frac{8}{3}\,a\alpha\,(\alpha^2 R_1 + a^2 R) \quad \ldots \quad (16)$$

Les équations (4) et (16) permettront finalement de calculer R et R_1; elles donnent en éliminant successivement R et R_1

$$\frac{8}{3}\,a\alpha^2\,(a+\alpha)\,R_1 = 2a\alpha p\Big(\frac{4}{3}\,a^2\alpha - \frac{\alpha^3}{3} + a^3\Big) + \alpha p_1\Big(-\frac{2}{3}\,a^4 + \frac{y^4}{24} - \frac{a y^3}{3}$$
$$+ \frac{2}{3}\,a^2 y^2\Big) - \varepsilon\,(a h_1 + \alpha h) \quad \ldots \quad (17)$$

$$\frac{8}{3}\,a^2\alpha\,(a+\alpha)\,R = 2a\alpha p\Big(\frac{4}{3}\,a^2\alpha - \frac{\alpha^3}{3} + a^3\Big) + \alpha p_1\Big(2a^4 + \frac{8}{3}\,a^3\alpha + \frac{y^4}{24}$$
$$- \frac{a y^3}{3} - \frac{2}{3}\,a\alpha y^2\Big) - \varepsilon\,(a h_1 + \varepsilon h) \quad \ldots \quad (18)$$

Observons maintenant que si dans les équations (17) et (18) l'on fait $p_1 = o$ ou ce qui revient au même $y = 2a$, les valeurs particulières que prendront dans cette hypothèse les réactions R et R_1 ne seront autre chose que les efforts de calage qui s'exercent respectivement aux extrémités de la volée et de la culasse lorsque l'on met le pont à la serre; en les désignant par S et S_1 l'on aura donc pour ces valeurs :

$$\frac{8}{3} a \alpha^2 (a + x) S_1 = 2 a \alpha p \left(\frac{4}{3} a^2 \alpha - \frac{\alpha^3}{3} + a^3\right) - {}_3 (a h_1 + \alpha h). \ldots (19)$$

$$\frac{8}{3} a^2 \alpha (a + \alpha) S = 2 a \alpha p \left(\frac{4}{3} a^2 \alpha - \frac{\alpha^3}{3} + a^3\right) - \varepsilon (a h_1 + \alpha h). \ldots (20)$$

En tenant compte des équations (19) et (20) les équations (17) et (18) pourront s'écrire sous la forme

$$\frac{8}{3} a \alpha (a + \alpha) (R_1 - S_1) = p_1 \left(- \frac{2}{3} a^4 + \frac{y^4}{24} - \frac{a y^4}{3} + \frac{2}{3} a^2 y^2\right). \ldots (21)$$

$$\frac{8}{3} a^2 (a + \alpha) (R - S) = p_1 \left(2 a^4 + \frac{8}{3} a^3 \alpha + \frac{y^4}{24} - \frac{a y^3}{3} - \frac{2}{3} a \alpha y^2\right). \ldots (22)$$

Un premier résultat que l'on peut en tirer c'est *la valeur minima que doit avoir l'effort de calage à l'extrémité du longeron du côté de la volée.* Il convient en effet, que lors du passage de la charge sur cette travée l'extrémité de la culasse ne se soulève point, et pour que cela soit la plus petite valeur de R_1 ne peut pas devenir négative. Le minimum de R_1 s'obtient en faisant $y = o$ dans la relation (21) et il faut par suite que l'on ait :

$$S_1 \underset{>}{=} 2 a p_1 \frac{a^2}{8 \alpha (a + \alpha)} \text{ ou bien}$$

$$S \underset{>}{=} 2 a p_1 \frac{a}{8 (a + \alpha)}.$$

Cherchons maintenant comment varie la fatigue d'une section à l'autre de la volée pour une valeur donnée de y.

Si l'on désigne par φ_1 et φ_2 les seconds membres des équations (1) et (2) l'on aura en prenant les dérivées par rapport à x et regardant y comme constant :

$$\frac{d \varphi_1}{d x} = - (p + p_1) (2a - x) + R. \ldots x > y. \ldots (23)$$

$$\frac{d \varphi_2}{d x} = - p (2a - x) - p_1 (2a - y) + R. \ldots x < y. \ldots (24)$$

Ces deux dérivées prennent la même valeur pour $y = x$ et toutes deux croissent indéfiniment avec x. L'une et l'autre sont nulles pour une seule valeur de x que nous désignerons par x_1 pour la première et par x_2 pour la seconde.

Tant que x reste au-dessous de cette valeur, la dérivée est négative et par conséquent, la fonction primitive décroît quand x augmente pour commencer à croître après que la dérivée a passé par zéro. Donc x_1 donne un minimum de φ_1 et x_2 un minimum de φ_2.

$$\text{L'on a} \quad x_1 = 2a - \frac{R}{p + p_1} \ldots (25)$$

$$x_2 = 2a - \frac{R - p_1 (2a - y)}{p} \ldots (26)$$

Ces valeurs ne sont admissibles que si l'on a respectivement :

$$2a > x_1 > y \text{ d'où } R > o \quad p\,(2a - y) > R - p_1\,(2a - y). \quad\ldots\ (27)$$

$$y > x_2 > o \quad R < 2ap + p_1\,(2a - y) \quad p\,(2a - y) < R - p_1\,(2a - y). \quad\ldots\ (28)$$

Dans le cas où x_2 serait négatif, on aurait le minimum relatif en faisant $x = o$ dans φ_2.

Remarquons que les conditions (27) et (28) s'excluent l'une l'autre, de sorte que si l'une des valeurs x_1 ou x_2 est admissible, l'autre ne l'est pas.

De là résulte que dans le cas où x_1 est admissible, si l'on fait $x = y < x_1$ les dérivées sont toutes deux négatives; dans le cas au contraire où x_2 est admissible, si l'on fait $x = y > x_2$ les dérivées sont toutes deux positives.

Soit donc d'abord le premier cas $y < x_1$ (Voir pl. II, fig. 6 dans laquelle les valeurs positives de φ_2 sont représentées par les ordonnées de la courbe $m\,n$ prises par rapport à la droite np et les valeurs négatives de φ_2 par les ordonnées de la courbe nop prises par rapport à la même droite). Dans toute la partie PP, de la volée la dérivée $\dfrac{d\varphi_2}{dx}$ est négative et φ_2 décroît quand x augmente; il y a donc un maximum relatif pour $x = o$; à partir de la section où $x = y$ la fatigue est donnée par φ_1; et comme la dérivée reste négative, φ_1 diminue pour atteindre un minimum lorsque $x = x_1$; en désignant ce minimum par m_1 on aura en remplaçant x_1 par sa valeur dans φ_1

$$x = x_1 \quad m_1 = -\ \frac{R^2}{2\,(p + p_1)}. \quad\ldots\ (29)$$

x croissant ensuite jusqu'à $2a$, on trouve pour cette dernière valeur un maximum relatif qui n'est autre que zéro.

Soit ensuite le cas où $x_2 < y$. (Voir pl. II, fig. 5.)

La dérivée $\dfrac{d\varphi_2}{dx}$ est négative depuis $x = o$ jusqu'à $x = x_2$.

Donc pour $x = o$ on a un maximum relatif, pour $x = x_2$ un minimum de φ_2; ensuite x continuant à croître jusqu'à y, la fatigue sera donnée par φ_1 dont la dérivée égale à celle de φ_2 sera positive et restera de même signe pour toutes les valeurs croissantes de x. Par conséquent on obtiendra encore pour $x = 2a$ un maximum relatif qui ne sera autre que zéro.

Quant au minimum de φ_2, que nous désignerons par m_2, on le trouvera en remplaçant x par sa valeur x_2 dans l'expression (2) et l'on aura de cette manière

$$x = x_2 \quad m_2 = -\ \frac{[p_1\,(2a - y) - R]^2}{2p} - \frac{p_1\,(2a - y)^2}{2}. \quad\ldots\ (30)$$

Ainsi, en ne considérant que les valeurs numériques de φ_1 et φ_2 un maximum de fatigue négative sera donné suivant les cas par la formule (29) ou la formule (30). Un maximum M_2 de fatigue positive est donné dans tous les cas par la formule

$$x = o \quad M_2 = 2a^2 p + 2a^2 p_1 - \frac{p_1 y^2}{2} - 2aR. \quad\ldots\ (31)$$

Cherchons comment ces divers maximums varient avec y.

La plus grande valeur numérique de m_1 correspond à la plus grande valeur numérique de R. Or, on déduit de l'équation (22)

$$R = S + \frac{p_1}{a^2\,(a + \alpha)}\left\{ \frac{3}{4}\,a^4 + a^3\,\alpha + \frac{y^4}{64} - \frac{a y^3}{8} - \frac{a\alpha y^2}{4} \right\}$$

d'où l'on tire

$$\frac{dR}{dy} = -\frac{p_1 y}{16 a^2 (a + \alpha)} \left\{ 8 a\alpha + 6 ay - y^2 \right\} \quad \ldots \quad (32)$$

Cette dérivée est essentiellement négative; R a donc sa plus grande valeur pour la plus petite valeur de y, c'est-à-dire pour $y = o$; par suite, la plus grande valeur de R est

$$R^1 = S + \frac{a p_1 (3a + 4\alpha)}{4 (a + \alpha)} \quad \ldots \quad (33)$$

Ainsi en désignant par m'_1 la plus grande valeur du maximum négatif m_1 l'on obtient :

$$m'_1 = -\frac{\left[S + \dfrac{a p_1 (3a + 4\alpha)}{4 (a + \alpha)} \right]^2}{2 (p + p_1)}$$

avec les conditions

$$2a (p + p_1) > S + \frac{a p_1 (3a + 4\alpha)}{4 (a + \alpha)} > o. \quad \ldots \quad (34)$$

et ce maximum se produit dans une section dont la distance au pivot est

$$x'_1 = 2a - \frac{S + \dfrac{a p_1 (3a + 4\alpha)}{4 (a + \alpha)}}{p + p_1}$$

La plus grande valeur numérique du maximum m_2 se détermine comme suit :
La dérivée de m_2 par rapport à y est

$$\frac{dm_2}{dy} = \frac{p_1 (2a - y) - R}{p} \left[p_1 + \frac{dR}{dy} \right] + p_1 (2a -)y.$$

En y tenant compte de la valeur de x_2 donnée par l'équation (26) il vient

$$\frac{dm_2}{dy} = -(2a - x_2) \left(p_1 + \frac{dR}{dy} \right) + p_1 (2a - y).$$

On déduit de l'équation (32)

$$p_1 + \frac{dR}{dy} = \frac{p_1}{16 a^2 (a + \alpha)} \left[16 a^2 (a + \alpha) - 8 a\alpha y - 6 ay^2 + y^3 \right] = \frac{p_1 (2a - y)}{16 a^2 (a + \alpha)}$$
$$\left[4a (2\alpha + 3a) - (2a - y)^2 \right]. \quad \ldots \quad 35)$$

Substituant cette valeur dans la dérivée, elle devient

$$\frac{dm_2}{dy} = \frac{p_1 (2a - y)}{16 a^2 (a + \alpha)} \left[16 a^2 (a + \alpha) - (2a - x_2) \left\{ 4a (2\alpha + 3a) - (2a - y)^2 \right\} \right]$$

Cette dérivée s'annule pour $y = 2a$; pour toutes les valeurs de y moindres que $2a$, le facteur hors de la parenthèse est positif. Afin de connaître comment varie le facteur entre parenthèses désignons-le par P et dérivons-le à son tour par rapport à y, nous aurons :

$$\frac{dP}{dy} = -2 (2a - x_2) (2a - y) + \frac{dx_2}{dy} \left[4a (2\alpha + 3a) - (2a - y)^2 \right]$$

mais on a, en vertu de l'équation (26)

$$-\frac{dx_2}{dy} = \frac{\dfrac{dR}{dy} + p_1}{p}$$

et en ayant égard à l'équation (35)

$$\frac{dx_2}{dy} = -\frac{p_1\,(2a-y)}{16a^2\,(a+\alpha)\,p}\Big[4a\,(2\alpha+3a) - (2a-y)^2\Big]$$

par suite

$$\frac{dP}{dy} = -2\,(2a-x_2)\,(2a-y) - \frac{p_1\,(2a-y)}{16a^2\,(a+\alpha)\,p}\Big[4a\,(2\alpha+3a) - (2a-y)^2\Big]^2$$

y et x_2 étant compris entre o et $2a$, $\dfrac{dP}{dy}$ est une quantité essentiellement négative
et par conséquent P un facteur qui décroît constamment quand y augmente depuis
zéro jusqu'à $2a$. Or, pour $y = o$ l'on a $x_2 = o$ puisque par hypothèse $x < y$, et
par conséquent

$$P = 16a^2\,(a+\alpha) - 2a\Big[12a^2 + 8a\alpha - 4a^2\Big] = o$$

Il résulte de là que le facteur P est nul pour $y = o$ et négatif pour les valeurs
de y croissantes jusque $2a$; la dérivée $\dfrac{dm_2}{dy}$ est donc négative pour toutes les valeurs de y comprises entre ces mêmes limites, et par conséquent on a le minimum
absolu de m_2 pour $y = 2a$. C'est la valeur de y qui donne le plus grand maximum
négatif, relatif à la partie $P'\,P$. On trouve pour ce maximum

$$m'_2 = -\frac{S^2}{2p}$$

Il se produit dans la section distante du pivot de la quantité

$$x'_2 = 2a - \frac{S}{p}.$$

Pour trouver la plus grande valeur du maximum M_2 dérivons par rapport à y
l'équation (34).

Par cette opération on obtient

$$\frac{dM_2}{dy} = -p_1\,y - 2a\frac{dR}{dy},$$

et, en tenant compte de l'équation (32)

$$\frac{dM_2}{dy} = -p_1\,y\,\frac{(2a-y)\,(4a-y)}{8a\,(a+\alpha)}.$$

Cette dérivée étant essentiellement négative, la plus grande valeur de M_2 correspond à $y = o$; on a donc

$$\begin{array}{c} y = o \\ x = o \end{array} \quad M'_2 = 2a^2 p + 2a^2 p_1\,\frac{a}{4\,(a+\alpha)} - 2aS.$$

Nous avons examiné comment change la fatigue d'une section à l'autre de la volée pour une valeur donnée de y; nous avons déterminé ainsi les sections où il y a maximum de fatigue pour une position donnée de la charge mobile et nous avons cherché ensuite pour quelle position de la surcharge ces fatigues maxima étaient les plus grandes possibles. Il reste à voir encore comment varie la fatigue dans une même section quelconque de la volée avec la position de la surcharge.

En dérivant l'équation (1) par rapport à y, x étant supposé constant, on trouve

$$\frac{d\varphi_1}{dy} = -(2a-x)\frac{dR}{dy}.$$

$\frac{dR}{dy}$ étant une quantité essentiellement négative (voir l'équation (32)), $\frac{d\varphi_1}{dy}$ est positif et φ_1 augmente, lorsque y croît. Donc si φ_1 est négatif, ou ce qui revient au même si $x > 2a - \frac{2R}{p+p_1}$, la fatigue augmente numériquement à mesure que y diminue et si φ_1 est positif, la fatigue croît avec y. L'équation (1) suppose d'ailleurs $x > y$. Par conséquent dans toute section de la partie du longeron occupée par la surcharge où la fatigue est positive, celle-ci est un maximum lorsque la charge mobile ne s'étend pas au-delà de cette section et dans toute section de la même partie de la pièce où la fatigue est négative, cette fatigue est numériquement la plus grande quand la surcharge couvre toute la volée.

La dérivée par rapport à y de l'équation (2) est

$$\frac{d\varphi_2}{dy} = -\frac{p_1}{2}(2a+y-2x) + \frac{p_1}{2}(2a-y) - \frac{dR}{dy}(2a-x)$$

ou bien

$$\frac{d\varphi_2}{dy} = p_1(2a-y) - (2a-x)\left(p_1 + \frac{dR}{dy}\right).$$

On a d'ailleurs

$$p_1 + \frac{dR}{dy} = \frac{p_1(2a-y)}{16a^2(a+\alpha)}\left[8a(a+\alpha) + 4ay - y^2\right]$$

donc

$$\frac{d\varphi_2}{dy} = \frac{p_1(2a-y)}{16a_2(a+\alpha)}\left[16a^2(a+\alpha) - (2a-x)\left\{8a(a+\alpha) + 4ay - y^2\right\}\right]$$

$$= \frac{p_1(2a-x)}{16a^2(a+\alpha)}(2a-y)\left[y^2 - 4ay + \frac{8a(a+\alpha)x}{2a-x}\right].$$

Cette dérivée est égale à zéro pour $y = 2a$ et pour $y^2 - 4ay + \frac{8a(a+\alpha)x}{3a-x} = 0$.

La dernière condition est remplie lorsque

$$y = 2a \pm \sqrt{\frac{4a(2a^2 - 3ax - 2\alpha x)}{2a-x}}.$$

Désignons les deux valeurs de y respectivement par α' et α''.

Le radical qui fait partie des valeurs de y est égal à zéro pour

$$x = 2a\frac{a}{3a+2\alpha}.$$

Tant que $x < 2a\,\dfrac{a}{3a + 2\alpha}$ α' et α' sont réels.

Lorsque $x > 2a\,\dfrac{a}{3a + 2\alpha}$ α' et α'' deviennent imaginaires.

Cela étant, soit

$1°\ x < 2a\,\dfrac{a}{3a + 2\alpha}$. Les signes de $\dfrac{d\varphi_2}{dy}$ seront

$$
\begin{array}{cccccccc}
+ & & o & & - & & o & & + & & o & & - \\
\vdots & & \vdots & & \vdots & & \vdots & & \vdots
\end{array}
$$

pour $y = x \quad\quad \alpha' \quad\quad 2a \quad\quad \alpha'' \quad\quad +\infty$

Il suit de là que pour $y = x$ qui est la plus petite valeur de y, admissible dans l'équation (2), la fonction φ_2 croît avec y; elle est alors algébriquement un minimum. Pour $y = \alpha'$ la dérivée passe du positif au négatif et l'on a un maximum de φ_2 ou de fatigue positive. A partir de $y = \alpha'$ la fonction φ_2 décroît pour arriver à un minimum lorsque l'on aura $y = 2a$. Si la fatigue est négative, l'on aura donc le maximum de fatigue négative pour $y = 2a$.

$2°\ x > 2a\,\dfrac{a}{3a + 2\alpha}$. Dans ce cas α' et α'', étant imaginaires, la dérivée $\dfrac{d\varphi_2}{dy}$ ne pourra changer de signe que pour $y = 2a$ et les signes de $\dfrac{d\varphi_2}{dy}$ seront

$$
\begin{array}{ccccc}
+ & & o & & - \\
\vdots & & \vdots & & \vdots
\end{array}
$$

pour $y = x \quad\quad 2a \quad\quad +\infty$

Donc la dérivée est alors positive pour toute les valeurs de y comprises entre $y = x$ et $y = 2a$. Le maximum de φ_2 ou de la fatigue positive correspond par conséquent à $y = 2a$ et le minimum à $y = x$, et si la valeur de φ_2 qui se rapporte à $y = x$ est négative, elle donnera un maximum de fatigue négative. Ainsi dans toute section de la partie du longeron non occupée par la surcharge pour laquelle $x < 2a\,\dfrac{a}{3a + 2\alpha}$ le maximum de fatigue négative a lieu pour $y = 2a$, le maximum de fatigue positive pour $y = 2a - \sqrt{\dfrac{4a\,(2a^2 - 3ax - 2\alpha x)}{2a - x}}$ et dans toute section de la partie du longeron non occupée par la surcharge pour laquelle $x > 2a\,\dfrac{a}{3a + 2\alpha}$ il y a maximum de fatigue négative pour $y = x$ et maximum de fatigue positive pour $y = 2a$.

Il va de soi qu'il n'est pas nécessaire d'avoir égard aux fatigues négatives qui se produisent quand $y = 2a$ dans les sections pour lesquelles $x < 2a\,\dfrac{a}{3a + 2\alpha}$, lorsque ces fatigues sont moindres que celles qui se développent dans les mêmes sections quand le pont est ouvert, c'est-à-dire si l'on a

$$
S\,(2a - x) - \frac{p}{2}\,(2a - x)^2 < \frac{p}{2}\,(2a - x)^2
$$

ou

$$
S < p\,(2a - x).
$$

Cette condition est remplie pour les sections où $x < 2a \dfrac{a}{3a + 2\alpha}$ dès que l'on a

$$S < 2ap - 2ap \frac{a}{3a + 2\alpha}$$ (voir l'application numérique à la fin de cet article).

Quant aux fatigues positives qui ont lieu lorsque $y = 2a - \sqrt{\dfrac{4a(2a^2 - 3ax - 2\alpha x)}{2a - x}}$ dans les sections pour lesquelles $x < 2a \dfrac{a}{3a + 2\alpha}$, on peut prouver qu'elles sont toujours inférieures ou tout au plus égales à celles qui se produisent dans les mêmes sections quand le pont est ouvert.

Écrivons à cette fin

$$\frac{p}{2}(2a - x)^2 + \frac{p_1}{2}(2a - y)(2a + y - 2x) - \left[S + \frac{p_1}{a^2(a + \alpha)}\left\{ \frac{3}{4}a^4 + a^3\alpha + \frac{y^4}{64} - \frac{ay^3}{8} - \frac{a\alpha y^2}{8} \right\} \right](2a - x) < \frac{p}{2}(2a - x)^2. \quad\ldots\ldots (36)$$

inégalité dans laquelle $y = 2a - \sqrt{\dfrac{4a(2a^2 - 3ax - 2\alpha x)}{2a - x}}$ et $x < 2a\dfrac{a}{3a + 2\alpha}$.

On en déduit

$$S > \frac{\frac{p_1}{2}(2a - y)(2a + y - 2x)}{2a - x} - \frac{p_1}{a^2(a + \alpha)}\left\{ \frac{3}{4}a^4 + a^3\alpha + \frac{y^4}{64} - \frac{ay^3}{8} - \frac{a\alpha y^2}{4} \right\} \quad\ldots\ldots (37)$$

En représentant le radical $\sqrt{\dfrac{4a(2a^2 - 3ax - 2\alpha x)}{2a - x}}$ par A, cette condition peut se mettre sous la forme.

$$S > p_1 A \left\{ 1 - \frac{A}{2(2a - x)} \right\} - \frac{p_1}{a^2(a + \alpha)}\left\{ \frac{3}{4}a^4 + a^3\alpha + \frac{(2a - A)^4}{64} - \frac{a(2a - A)^3}{8} - \frac{a\alpha(2a - A)^2}{4} \right\}.$$

Cherchons la section pour laquelle le second membre de cette inégalité est la plus grande possible et à cet effet dérivons-le par rapport à x, A étant considéré comme une fonction de x.

La dérivée est

$$p_1 \frac{dA}{dx}\left\{ 1 - \frac{A}{2(2a - x)} \right\} - p_1 A \left\{ \frac{2(2a - x)\frac{dA}{dx} + 2A}{4(2a - x)^2} \right\} - \frac{p_1}{a^2(a + \alpha)}\left\{ -\frac{(2a - A)^3}{16}\frac{dA}{dx} + \frac{3a(2a - A)^2}{8}\frac{dA}{dx} + \frac{a\alpha(2a - A)}{2}\frac{dA}{dx} \right\}$$

ou bien

$$p_1 \frac{dA}{dx}\left\{ 1 - \frac{A}{2a - x} \right\} - \frac{p_1 A^2}{2(2a - x)^2} + p_1 \frac{dA}{dx}\left\{ \frac{12a^2 A - 16a^3 - A^3 - 16a^2\alpha + 8Aa\alpha}{16a^2(a + \alpha)} \right\}.$$

Réunissant les termes qui renferment le facteur $p_1 \dfrac{dA}{dx}$, l'expression qui précède devient

$$p_1 \frac{dA}{dx} \left\{ \frac{12\,a^2 A + 8\,a\alpha A - A^3}{16\,a^2\,(a+\alpha)} - \frac{A}{2a - x} \right\} - \frac{p_1 A^2}{2\,(2a - x)^2}$$

mais on a

$$\frac{dA}{dx} = - \frac{8\,a^2\,(a+\alpha)}{(2a - x)^2\,A}$$

par suite

$$\frac{p_1 A^3 \dfrac{dA}{dx}}{16\,a^2\,(a+\alpha)} = - \frac{p_1 A^2}{2\,(2a - x)^2}.$$

Tenant compte de cette égalité, il vient pour la dérivée

$$p_1 \frac{dA}{dx} \left\{ \frac{12\,a^2 A + 8\,a\alpha A}{16\,a^2\,(a+\alpha)} - \frac{A}{2a - x} \right\}$$

et si l'on remplace $\dfrac{dA}{dx}$ par sa valeur, elle s'exprime par

$$- \frac{2a\,(2a^2 - 3ax - 2\alpha x)\,p_1}{(2a - x)^3}.$$

Sous cette forme on voit que la dérivée est négative pour $x = o$ et nulle pour $x = 2a\,\dfrac{a}{3a + 2\alpha}$.

Il en résulte que la fonction diminue quand x augmente à partir de zéro, qu'elle a sa plus grande valeur pour $x = o$ et qu'elle est un minimum pour $x = 2a\,\dfrac{a}{3a + 2\alpha}$.

Pour que la condition (36) soit remplie, l'effort de calage ne devra donc jamais dépasser la valeur $S = 2ap_1\,\dfrac{a}{8\,(a+\alpha)}$ que l'on obtient en faisant $x = o$ et par suite $y = o$ dans le second membre de l'inégalité (37) et cette valeur de S est, ainsi qu'on l'a vu plus haut, celle que l'effort de calage à l'extrémité du longeron, vers la volée, doit atteindre pour que l'extrémité de la culasse reste calée lors du passage de la charge sur la volée.

En résumé, la discussion précédente prouve que lorsque la charge uniformément répartie s'avance graduellement depuis l'extrémité de la volée jusqu'au pivot :

1° Il se produit : un maximum négatif m'_1 au moment où cette charge couvre toute la volée; un maximum négatif m'_2 au moment où la charge mobile est enlevée sur toute la volée; un maximum positif M'_2, lorsque la volée est entièrement couverte par la charge uniformément répartie.

2° Dans toutes les sections pour lesquelles $x > 2a\,\dfrac{a}{3a + 2\alpha}$ le maximum de fatigue négative a lieu lorsque la charge mobile occupe toute la volée et le maximum de fatigue positive quand toute la charge est enlevée.

3° Dans toutes les sections pour lesquelles $x < 2a \dfrac{a}{3a + 2\alpha}$ le maximum de fatigue négative se produit lorsque la charge est enlevée sur toute la volée et le maximum de fatigue positive lorsque la charge mobile occupe une partie de la volée telle que l'on ait

$$y = 2a - \sqrt{\frac{4a\,(2a^2 - 3ax - 2\alpha x)}{2a - x}}.$$

4° Dès que l'on a $S < 2ap - 2ap \dfrac{a}{3a + 2\alpha}$ on n'a pas à se préoccuper des fatigues négatives qui se produisent quand la charge est enlevée sur toute la volée, dans les sections pour lesquelles $x < 2a \dfrac{a}{3a + 2\alpha}$, parce qu'alors ces fatigues sont inférieures à celles qui se développent dans les mêmes sections lorsque le pont est ouvert.

5° L'on ne doit pas avoir égard aux fatigues positives qui ont lieu lorsque $y = 2a - \sqrt{\dfrac{4a\,(2a^2 - 3ax - 2\alpha x)}{2a - x}}$ dans les sections pour lesquelles $x < 2a \dfrac{a}{3a + 2\alpha}$ parce que dès le moment que le pont est suffisamment calé pour que l'extrémité de la culasse ne se soulève pas par le passage de la charge, ces fatigues sont inférieures à celles qui se produisent dans les mêmes sections quand le pont est ouvert.

Admettant ensuite que la charge continue à s'avancer au delà du pivot sur la culasse, il est clair que la partie de cette charge qui couvre la culasse diminuera la réaction R à l'extrémité de la volée et que par conséquent, les fatigues négatives dans la volée diminueront, tandis que les fatigues positives iront en croissant et atteindront leur maximum quand la charge mobile occupera le pont tout entier.

En pratique on aura généralement $S < 2ap - 2ap \dfrac{a}{3a + 2\alpha}$. Quand cette condition sera remplie, l'on n'aura donc qu'à considérer les fatigues négatives qui se produisent dans la partie des longerons appartenant à la volée lorsque cette travée seule est entièrement occupée par la charge mobile, les fatigues positives qui s'y développent quand la volée et la culasse sont totalement chargées et les fatigues positives qui se produisent dans la volée lorsque le pont est ouvert.

Si l'on substitue dans l'équation (1) à R la valeur R^1 donnée par l'équation (33), il vient

$$\frac{\varepsilon \mu}{h'} = \left[\frac{p + p_1}{2}(2a - x) - S - \frac{ap_1\,(3a + 4\alpha)}{4\,(a + \alpha)} \right] (2a - x). \quad \ldots \ (38)$$

C'est l'expression de la fatigue dans une section de la volée située à la distance x du pivot, lorsque la charge uniformément répartie occupe toute cette travée.

Cette fatigue est nulle lorsque

$$x = x_3 = \frac{4a^2 p + a^2 p_1 + 4a\alpha p - 4S\,(a + \alpha)}{2\,(p + p_1)\,(a + \alpha)}. \quad \ldots \ (39)$$

Par conséquent lorsque la charge uniformément répartie occupe entièrement la volée, la fatigue est négative dans toutes les sections de cette travée situées à une distance du pivot plus grande que x_3 et positive dans les sections plus rapprochées du pivot.

x_3 est nul et la fatigue devient négative dans toute l'étendue de la volée lorsque

$$S = S' = ap + \frac{a^2 p_1}{4(a+\alpha)} \ . \ . \ . \ . \ (40)$$

Comparons les fatigues qu'éprouvent les longerons à la volée quand le pont est ouvert, à celles qu'ils subissent dans la même travée lorsque le pont est fermé et mis à la serre et chargé d'un poids uniformément réparti sur toute la volée.

Quand le pont est ouvert, on a pour une section de la volée située à une distance x du pivot

$$\frac{\varepsilon \mu}{h'} = (2a - x)^2 \ \frac{p}{2} \ . \ . \ . \ . \ (41)$$

et lorsqu'il est fermé, la fatigue négative dans toutes les sections comprises entre l'extrémité de la volée et la section dont la distance au pivot est x_3 s'exprime par

$$\frac{\varepsilon \mu}{h'} = -(2a - x)\left[S + \frac{ap_1(3a+4\alpha)}{4(a+\alpha)} - \frac{p+p_1}{2}(2a-x) \right] \ . \ . \ . \ . \ (42)$$

Pour que la première valeur de $\frac{\varepsilon \mu}{h'}$ l'emporte numériquement sur la seconde ou lui soit égale, abstraction faite du signe, il faut que

$$(2a-x)^2 \ \frac{p}{2} \geq (2a-x)\left[S + \frac{ap_1(3a+4\alpha)}{4(a+\alpha)} - \frac{p+p_1}{2}(2a-x) \right] \ . \ . \ (43)$$

d'où l'on déduit

$$x = x_4 \leq \frac{1}{2p+p_1}\left\{ \frac{a^2 p_1}{2(a+\alpha)} + 4ap - 2S \right\} \ . \ . \ . \ . \ (44)$$

Par conséquent *dans toute section de la volée comprise entre le pivot et le point où* $x = x_4$, *la fatigue sera numériquement plus petite lorsque le pont est fermé, chargé d'un poids uniformément réparti sur toute la travée et calé, que lorsqu'il est ouvert, et dans toute section située au-delà la fatigue sera numériquement la plus grande lorsque le pont est fermé.*

Il est facile de voir que le second membre de l'équation (35) diminue s'il est positif quand α augmente et qu'il croît numériquement avec α s'il est négatif; car la dérivée du terme $\frac{ap_1(3a+4\alpha)}{4(a+\alpha)}$ par rapport à α est toujours positive. Ce terme croît donc avec α. Ainsi, *lorsque la charge uniformément répartie occupe toute la volée, la fatigue négative croît numériquement et la fatigue positive diminue dans cette travée quand la longueur de la culasse augmente.*

Si l'on désigne par y (fig. 3) la longueur de la partie PP' de la culasse non occupée par la surcharge, les autres lettres conservant la même signification, l'on a pour les expressions de la fatigue :

Dans la partie CP'

$$\frac{\varepsilon\mu}{h'} = \frac{\varepsilon\, d^2 f}{dx^2} = \frac{p+p_1}{2}\,(2\alpha - x)^2 + p\,\frac{a^2 - \alpha^2}{\alpha}\,(2\alpha - x) - R_1\,(2\alpha - x)\,.\,.\quad (1$$

avec la condition $2\alpha > x > y$.

$\dfrac{p\,(2\alpha - x)^2}{2}$ est le moment du poids de la partie OC par rapport à la section O située à la distance x du pivot, $\dfrac{p_1\,(2\alpha - x)^2}{2}$ le moment de la surcharge de la partie OC par rapport à la même section, $p\,(2\alpha - x)\,\dfrac{a^2 - \alpha^2}{\alpha}$ le moment du contrepoids, $R_1\,(2\alpha - x)$ le moment de la réaction en C.

Dans la partie $P'P$

$$\frac{\varepsilon\mu}{h'} = \frac{\varepsilon\, d^2 f}{dx^2} = \frac{p}{2}\,(2\alpha - x)^2 + \frac{p_1}{2}\,(2\alpha - y)\,(2\alpha + y - 2x) + \frac{p\,(a^2 - \alpha^2)}{\alpha}$$
$$(2\alpha - x) - R_1\,(2\alpha - x)\,.\,.\,.\,.\,. \quad (2)$$

avec la condition $x < y < 2\alpha$.

$\dfrac{p_1}{2}\,(2\alpha - y)\,(2\alpha + y - 2x)$ est le moment de la surcharge de la partie $P'C$ par rapport à la section O' située à la distance x du pivot.

Dans la partie PV

$$\frac{\varepsilon\mu}{h'} = \frac{\varepsilon\, d^2 f}{dx^2} = \frac{p}{2}\,(2a + x)^2 - R\,(2a + x)\,.\,.\,.\,.\,. \quad (3)$$

avec la condition $2a > -x > o$.

x est supposé négatif dans cette partie.

$\dfrac{p}{2}\,(2a + x)^2$ est le moment du poids de la partie VO' par rapport à une section O' située dans la volée à la distance $-x$ du pivot.

$R\,(2a + x)$ le moment de la réaction en V.

Déterminons les réactions R et R_1.

Nous aurons une première relation entre ces deux quantités en égalant les valeurs de $\dfrac{\varepsilon\mu}{h'}$ fournies par les équations (2) et (3) lorsqu'on y fait $x = o$. On obtient ainsi :

$$\frac{p_1}{2}\,(4\alpha^2 - y^2) - 2\alpha R_1 = -2aR\,.\,.\,.\,.\,. \quad (4)$$

Pour trouver une deuxième relation entre R et R_1, il est nécessaire de tenir compte des hauteurs des trois points d'appui du longeron et par conséquent de calculer les flèches en V et C, par l'intégration des équations (1), (2) et (3). Si l'on ordonne ces équations par rapport à x, il vient :

$$\frac{\varepsilon\, d^2 f}{dx^2} = x^2\,\frac{p+p_1}{2} - x\left[2\alpha p_1 + p\,\frac{\alpha^2 + a^2}{\alpha} - R_1\right] + 2\alpha^2 p_1 + 2a^2 p - 2\alpha R_1\,.\,.\,.$$
$$x > y\,.\,.\,.\,. \quad (5)$$

$$\varepsilon\frac{d^2 f}{dx^2} = x^2\,\frac{p}{2} - x\left[(2\alpha - y)\,p_1 + p\,\frac{\alpha^2 + a^2}{\alpha} - R_1\right] + 2\alpha^2 p_1 - p_1\,\frac{y^2}{2} + 2a^2 p - 2\alpha R_1 \quad\ldots\quad x < y \quad\ldots\ldots\quad (6)$$

$$\varepsilon\frac{d^2 f}{dx^2} = x^2\,\frac{p}{2} + x\left[2ap - R\right] + 2a^2 p - 2aR. \quad\ldots\quad x < 0. \quad\ldots\ldots\quad (7)$$

L'on trouve par l'intégration, ε étant considéré comme constant

$$\frac{df}{dx} = \frac{x^3}{6}\,(p + p_1) - \frac{x^2}{2}\left(2\alpha p_1 + p\,\frac{\alpha^2 + a^2}{\alpha} - R_1\right) + x\,(2\alpha^2 p_1 + 2a^2 p - 2\alpha R_1) + c. \quad\ldots\ldots\quad (8)$$

$$\varepsilon\frac{df}{dx} = \frac{x^3}{6}\,p - \frac{x^2}{2}\left[(2\alpha - y)\,p_1 + p\,\frac{\alpha^2 + a^2}{\alpha} - R_1\right] + x\left(2\alpha^2 p_1 - p_1\,\frac{y^2}{2} + 2a^2 p - 2\alpha R_1\right) + c'. \quad\ldots\ldots\quad (9)$$

$$\varepsilon\frac{df}{dx} = \frac{x^3}{6}\,p + \frac{x^2}{2}\,(2ap - R) + x\,(2a^2 p - 2aR) + c''. \quad\ldots\ldots\quad (10)$$

Deux constantes arbitraires c' et c'' seront déterminées en fonction de la 3me c, si l'on exprime que les équations (8) et (9) doivent donner la même valeur de $\frac{df}{dx}$ lorsque l'on y fait $x = y$, tandis que (9) et (10) doivent donner la même valeur de $\frac{df}{dx}$ pour $x = 0$, ce qui donne

$$c'' = c' = c + \frac{y^3}{6}\,p_1.$$

Intégrons une seconde fois en tenant compte des valeurs de c' et c''; nous aurons :

$$\varepsilon f = \frac{x^4}{24}\,(p + p_1) - \frac{x^3}{6}\left(2\alpha p_1 + p\,\frac{\alpha^2 + a^2}{\alpha} - R_1\right) + \frac{x^2}{2}\,(2\alpha^2 p_1 + 2a^2 p - 2\alpha R_1) + x\,c + c_1 \quad\ldots\ldots\quad (11)$$

$$\varepsilon f = \frac{x^4}{24}\,p - \frac{x^3}{6}\left[(2\alpha - y)\,p_1 + p\,\frac{\alpha^2 + a^2}{\alpha} - R_1\right] + \frac{x^2}{2}\left(2\alpha^2 p_1 - p_1\,\frac{y^2}{2} + 2a^2 p - 2\alpha R_1\right) + x\left(p_1\,\frac{y^3}{6} + c\right) + c_2. \quad\ldots\ldots\quad (12)$$

$$\varepsilon f = \frac{x^4}{24}\,p + \frac{x^3}{6}\,(2ap - R) + \frac{x^2}{2}\,2a^2 p - 2aR) + x\left(p_1\,\frac{y^3}{6} + c\right) + c_3. \quad\ldots\ldots\quad (13)$$

Il reste à trouver cinq relations entre les constantes $R\,R_1\ c\,c_1\ c_2\ c_3$, lesquelles jointes à l'équation 4 permettront de déterminer ces six inconnues; or, si nous désignons par h la hauteur de l'extrémité de la volée, et par h_1 celle de l'extrémité de la culasse au-dessus du pivot, nous pourrons dans les équations (12) et (13) faire $f = 0$ pour $x = 0$; dans (11) $f = h_1$ pour $x = 2\alpha$ dans (13) $f = h$ pour $x = -2a$; et enfin il restera à exprimer que les valeurs de f fournies par (11) et (12) doivent être égales pour $x = y$.

L'on obtient ainsi :

$$c_2 = c_3 = o \qquad c_1 = \frac{y^4}{24}\, p_1$$

$$\epsilon\, h_1 = \frac{2}{3}\, \alpha^2 p\, (4a^2 - \alpha^2) + p_1 \left(2\alpha^4 + \frac{y^4}{24} \right) - \frac{8}{3}\, \alpha^3 R^1 + 2ac. \ . \ . \ . \ (14)$$

$$\epsilon\, h = 2a_4 p - \frac{a y^3}{3}\, p_1 - \frac{8}{3}\, a^3 R - 2ac. \ . \ . \ . \ (15)$$

Les équations (4), (14), (15) serviront à trouver les constantes c, R et R_1; si l'on élimine c entre les deux dernières, il vient :

$$\epsilon\,(ah_1 + \alpha h) = 2a\alpha p \left(\frac{4}{3}\, a^2 \alpha - \frac{\alpha^3}{3} + a^3 \right) + ap_1 \left(2\alpha^4 + \frac{y^4}{24} - \frac{\alpha y^3}{3} \right) - \frac{8}{3}\, a\alpha\, (\alpha^2 R_1 + a^2 R). \ . \ . \ . \ (16)$$

Les équations (4) et (16) serviront finalement à calculer R et R_1; elles donnent en éliminant successivement R et R_1

$$\frac{8}{3}\, a\alpha^2 (a + \alpha)\, R_1 = 2a\alpha p \left(\frac{4}{3}\, a^2 \alpha - \frac{\alpha^3}{3} + a^3 \right) + a\, p_1 \left(2\alpha^4 + \frac{8}{3}\, a\alpha^3 + \frac{y^4}{24} - \alpha \frac{y^3}{3} - \frac{2}{3}\, a\alpha y^2 \right) - \epsilon\,(ah_1 + \alpha h). \ . \ . \ . \ (17)$$

$$\frac{8}{3}\, a^2 \alpha\, (a + \alpha)\, R = 2a\alpha p \left(\frac{4}{3}\, a^2 \alpha - \frac{\alpha^3}{3} + a^3 \right) + ap_1 \left(-\frac{2}{3}\, \alpha^4 + \frac{y^4}{24} - \alpha \frac{y^3}{3} + \frac{2}{3}\, \alpha^2 y^2 \right) - \epsilon\,(ah_1 + \alpha h). \ . \ . \ . \ (18)$$

Observons maintenant que si dans les équations (17) et (18) l'on fait $p_1 = o$ ou ce qui revient au même $y = 2\alpha$, les valeurs particulières que prendront dans cette hypothèse les réactions R et R_1, ne seront autre chose que les efforts de calage qui s'exercent respectivement aux extrémités de la volée et de la culasse lorsque l'on met le pont à la serre; en les désignant par S et S_1 l'on aura donc pour ces valeurs :

$$\frac{8}{3}\, a\alpha^2 (a + \alpha)\, S_1 = 2a\alpha p \left(\frac{4}{3}\, a^2 \alpha - \frac{\alpha^3}{3} + a^3 \right) - \epsilon\,(ah_1 + \alpha h). \ . \ . \ . \ (19)$$

$$\frac{8}{3}\, a^2 \alpha\, (a + \alpha)\, S = 2a\alpha p \left(\frac{4}{3}\, a^2 \alpha - \frac{\alpha^3}{3} + a^3 \right) - \epsilon\,(ah_1 + \alpha h). \ . \ . \ . \ (20)$$

En tenant compte des équations (19) et (20) les équations (17) et (18) pourront s'écrire sous la forme

$$\frac{8}{3}\, \alpha^2 (a + \alpha)\,(R_1 - S_1) = p_1 \left(2\alpha^4 + \frac{8}{3}\, a\alpha^3 + \frac{y^4}{24} - \alpha \frac{y^3}{3} - \frac{2}{3}\, a\alpha y^2 \right). \ . \ . \ (21)$$

$$\frac{8}{3}\, a\alpha\,(a + \alpha)\,(R - S) = p_1 \left(-\frac{2}{3}\, \alpha^4 + \frac{y^4}{24} - \frac{\alpha y^3}{3} + \frac{2}{3}\, \alpha^2 y^2 \right). \ . \ . \ . \ (22)$$

2

Un résultat que l'on peut tout d'abord en tirer, c'est la valeur que doit avoir l'effort de calage à l'extrémité du longeron du côté de la volée pour que cette extrémité ne se soulève point lors du passage de la charge sur la culasse. Il faut à cet effet que la plus petite valeur de R ne devienne pas négative. Le minimum de R s'obtenant en faisant $y = o$ dans la relation (22) il faut par suite que l'on ait

$$S \gtrless 2\alpha p_1 \frac{\alpha}{a} \frac{\alpha}{(a + \alpha)}.$$

Cette valeur de S est toujours moindre que celle qui a été trouvée page 398.

Cherchons maintenant comment varie la fatigue d'une section à l'autre de la culasse pour une valeur donnée de y.

Si l'on désigne par φ_1 et φ_2 les seconds membres des équations (1) et (2), l'on aura en prenant les dérivées par rapport à x et regardant y comme constant :

$$\frac{d\varphi_1}{dx} = -(p + p_1)(2\alpha - x) - p \frac{a^2 - \alpha^2}{\alpha} + R_1 \ldots \quad x > y \ldots \quad (23)$$

$$\frac{d\varphi_2}{dx} = -p(2\alpha - x) - p_1(2\alpha - y) - p \frac{a^2 - \alpha^2}{\alpha} + R_1 \ldots \quad x < y \ldots \quad (24)$$

Ces deux dérivées prennent la même valeur pour $y = x$ et toutes deux croissent indéfiniment avec x. L'une et l'autre sont nulles pour une seule valeur de x que nous désignerons par x_1 pour la première, et par x_2 pour la seconde. Tant que x reste au-dessous de cette valeur, la dérivée est négative, et par conséquent la fonction primitive décroît quand x augmente, pour commencer à croître après que la dérivée a passé par zéro. Donc x_1 donne un minimum de φ_1 et x_2 un minimum de φ_2

L'on a

$$x_1 = 2\alpha - \frac{R_1 - p \dfrac{a^2 - \alpha^2}{\alpha}}{p + p_1} \ldots \quad (25)$$

$$x_2 = 2\alpha - \frac{R_1 - p \dfrac{a^2 - \alpha^2}{\alpha} - p_1(2\alpha - y)}{p} \ldots \quad (26)$$

Ces valeurs ne sont admissibles que si l'on a respectivement

$$2\alpha > x_1 > y \text{ d'où } R_1 - p \frac{a^2 - \alpha^2}{\alpha} > o \ldots \quad p(2\alpha - y) > R_1 - p \frac{a^2 - \alpha^2}{\alpha} - p_1(2\alpha - y). \ldots \quad (27)$$

$$y > x_2 > o \quad R_1 < p \frac{a^2 + a^2}{\alpha} + p_1(2\alpha - y) \ldots \quad p(2\alpha - y) < R_1 - p \frac{a^2 - \alpha^2}{\alpha} - p_1(2\alpha - y). \ldots \quad (28)$$

Dans le cas ou x_2 serait négatif on aurait le minimum relatif en faisant $x = o$ dans φ_2.

Remarquons que les conditions (27) et (28) s'excluent l'une l'autre, de sorte que si l'une des valeurs x_1 ou x_2 est admissible, l'autre ne l'est pas.

De là résulte que dans le cas où x_1 est admissible, si l'on fait $x = y < x_1$ les dérivées sont toutes deux négatives; dans le cas au contraire ou x_2 est admissible, si l'on fait $x = y > x_2$ les dérivées sont toutes deux positives.

Soit donc d'abord le premier cas $y < x_1$. Dans toute la partie PP' de la culasse, la dérivée $\dfrac{d\varphi_2}{dx}$ est négative et φ_2 décroît quand x augmente; il y a donc un maximum relatif pour $x = o$; à partir de la section où $x = y$ la fatigue est donnée par φ_1; et comme la dérivée reste négative φ_1 diminue pour atteindre un minimum lorsque $x = x_1$; en désignant ce minimum par m_1 on aura en remplaçant x_1 par sa valeur dans φ_1

$$x = x_1 \quad m_1 = -\frac{\left[p\dfrac{a^2 - \alpha^2}{\alpha} - R_1\right]^2}{2(p + p_1)} \ldots \ldots (29)$$

x croissant ensuite jusqu'à 2α, on trouve pour cette dernière valeur un maximum relatif qui n'est autre que zéro.

Soit ensuite le cas où $x_2 < y$. La dérivée $\dfrac{d\varphi_1}{dx}$ est négative depuis $x = o$ jusqu'à $x = x_2$. Donc pour $x = o$ on a un maximum relatif, pour $x = x_2$ un minimum de φ_2; ensuite x continuant à croître jusqu'à y, la fatigue sera donnée par φ_1 dont la dérivée égale à celle de φ_2 sera positive et restera de même signe pour toutes les valeurs croissantes de x. Par conséquent on obtiendra encore pour $x = 2\alpha$ un maximum relatif qui ne sera autre que zéro.

Quant au minimum de φ_2, que nous désignerons par m_2, on le trouvera en remplaçant x par sa valeur x_2 dans l'expression (2) et l'on aura de cette manière

$$x = x_2 \quad m_2 = -\frac{\left[p_1(2\alpha - y) + p\dfrac{a^2 - \alpha^2}{\alpha} - R_1\right]^2}{2p} \quad \frac{p_1(2\alpha - y)^2}{2} \ldots \ldots (30)$$

Ainsi en ne considérant que les valeurs numériques de φ_1 et φ_2 un maximum de fatigue sera donné suivant les cas par la formule (29) ou la formule (30). Un maximum M_2 de fatigue positive est donné dans tous les cas par la formule

$$x = o \quad M_2 = 2a^2 p + 2 x^2 p_1 - \frac{p_1 y^2}{2} - 2\alpha R_1 \ldots \ldots (31)$$

Cherchons comment ces divers maximums varient avec y.

La plus grande valeur numérique de m_1 correspond à la plus grande valeur numérique de $R_1 - \dfrac{(p\,a^2 - \alpha^2)}{\alpha}$, ou puisque cette dernière expression est positive (27), à la plus grande valeur de R_1; or, on déduit de l'équation (21).

$$R_1 = S_1 + \frac{p_1}{\alpha^2 (a + \alpha)} \left[\frac{3}{4} \alpha^4 + a \alpha^3 + \frac{y^4}{64} - \frac{\alpha y^3}{8} - \frac{a \alpha y^2}{4} \right]$$

d'où l'on tire

$$\frac{d R_1}{d y} = \frac{- p_1 y}{16 \alpha^2 (a + \alpha)} [8 a \alpha + 6 \alpha y - y^2] \ldots \ldots (32)$$

Cette dérivée est essentiellement négative; R_1 a donc sa plus grande valeur pour la plus petite valeur de y, c'est-à-dire pour $y = o$; par suite la plus grande valeur de R_1 est

$$R'_1 = S_1 + \frac{\alpha p_1 (3\alpha + 4a)}{4 (a + \alpha)} \ldots \ldots (33)$$

Ainsi en désignant par m'_1 la plus grande valeur du maximum négatif m_1 l'on obtient

$$m'_1 = - \frac{\left[S_1 + \frac{\alpha p_1 (3\alpha + 4a)}{4 (a + \alpha)} - \frac{p (a^2 - \alpha^2)}{\alpha} \right]^2}{2 (p + p_1)}$$

avec les conditions

$$2\alpha (p + p_1) > S_1 + \frac{\alpha p_1 (3\alpha + 4a)}{4 (a + \alpha)} - \frac{p (a^2 - \alpha^2)}{\alpha} > o \ldots \ldots (34)$$

et ce maximum se produit dans une section dont la distance au pivot est

$$x'_1 = 2\alpha - \frac{S_1 + \frac{\alpha p_1 (3\alpha + 4a)}{4 (a + \alpha)} - \frac{p (a^2 - \alpha^2)}{\alpha}}{p + p_1}.$$

La plus grande valeur numérique du maximum m_2 se détermine comme suit :
La dérivée de m_2 par rapport à y est

$$\frac{d m_2}{d y} = \frac{p_1 (2\alpha - y) + p \frac{a^2 - \alpha^2}{\alpha} - R_1}{p} \left[p_1 + \frac{d R_1}{d y} \right] + p_1 (2\alpha - y).$$

En y tenant compte de la valeur de x_2 donnée par l'équation (26) il vient

$$\frac{d m^2}{d y} = - (2\alpha - x_2) \left(p_1 + \frac{d R_1}{d y} \right) + p_1 (2\alpha - y).$$

On déduit de l'équation (32)

$$p_1 + \frac{d R_1}{d y} = \frac{p_1}{16 \alpha^2 (a + \alpha)} [16 \alpha^2 (a + \alpha) - 8 a \alpha y - 6 \alpha y^2 + y^3] = \frac{p_1 (2\alpha - y)}{16 \alpha^2 (a + \alpha)}$$
$$[4 \alpha (2a + 3\alpha) - (2\alpha - y)^2] \ldots \ldots (35)$$

Substituant cette valeur dans la dérivée, elle devient

$$\frac{d m_2}{d y} = \frac{p_1 (2\alpha - y)}{16 \alpha^2 (a + \alpha)} \left[16 \alpha^2 (a + \alpha) - (2\alpha - x_2) \left\{ 4 \alpha (3\alpha + 2a) - (2\alpha - y)^2 \right\} \right].$$

Cette dérivée s'annule pour $y = 2\alpha$; pour toutes les valeurs de y moindres que 2α, le facteur hors de la parenthèse est positif. Afin de savoir comment varie le facteur entre parenthèses désignons le par P et dérivons le à son tour par rapport à y, nous aurons :

$$\frac{dP}{dy} = -2(2\alpha - x_2)(2\alpha - y) + \frac{dx_2}{dy}[4\alpha(3\alpha + 2a) - (2\alpha - y)^2].$$

Mais on a en vertu de l'équation (26)

$$-\frac{dx_2}{dy} = \frac{\dfrac{dR_1}{dy} + p_1}{p}$$

et en ayant égard à l'équation (35)

$$\frac{dx^2}{dy} = -\frac{p_1(2\alpha - y)}{16\alpha^2(a + \alpha)p}[4\alpha(3\alpha + 2a) - (2\alpha - y)^2]$$

par suite

$$\frac{dP}{dy} = -2(2\alpha - x_2)(2\alpha - y) - \frac{p_1(2\alpha - y)}{16\alpha^2(a + \alpha)p}[4\alpha(3\alpha + 2a) - (2\alpha - y)^2]^2$$

y et x_2 étant compris entre o et 2α, $\dfrac{dP}{dy}$ est une quantité essentiellement négative et par conséquent P un facteur qui décroît constamment quand y augmente depuis zéro jusqu'à 2α. Or, pour $y = o$ l'on a $x_2 = o$, puisque par hypothèse $x < y$, et, par conséquent

$$P = 16\alpha^2(a + \alpha) - 2\alpha[12\alpha^2 + 8a\alpha - 4\alpha^2] = 0.$$

Il résulte de là que le facteur P est nul pour $y = o$ et négatif pour les valeurs de y croissantes jusque 2α; la dérivée $\dfrac{dm_2}{dy}$ est donc négative pour toutes les valeurs de y comprises entre ces mêmes limites et par conséquent on a le minimum absolu de m_2 pour $y = 2\alpha$. C'est la valeur de y qui donne le plus grand maximum négatif relatif à la partie $P'P$. On trouve pour ce maximum

$$m'_2 = -\frac{\left[p\dfrac{a^2 - \alpha^2}{\alpha} - S_1\right]^2}{2p}$$

Il se produit dans la section distante du pivot de la quantité

$$x'_2 = 2\alpha - \frac{p\dfrac{a^2 - \alpha^2}{\alpha} - S_1}{p}.$$

Pour trouver la plus grande valeur du maximum M_2 dérivons par rapport à y l'équation (31).

Par cette opération on obtient

$$\frac{dM_2}{dy} = -p_1 y - 2\alpha\frac{dR_1}{dy},$$

et en tenant compte de l'équation (32)

$$\frac{dM_2}{dy} = -p_1 y \frac{(2\alpha - y)(4\alpha - y)}{8\alpha(a+\alpha)}$$

Cette dérivée étant essentiellement négative, la plus grande valeur de M_2 correspond à $y = o$; on a donc

$$\begin{matrix} y = o \\ x = o \end{matrix} \quad M'_2 = 2a^2 p + 2\alpha^2 p_1 \frac{\alpha}{4(a+\alpha)} - 2\alpha S_1.$$

Nous avons examiné comment change la fatigue d'une section à l'autre de la culasse pour une valeur donnée de y; nous avons déterminé ainsi les sections où il y a maximum de fatigue pour une position donnée de la charge mobile et nous avons cherché ensuite pour quelle position de la surcharge ces fatigues maxima étaient les plus grandes possibles. Il reste à voir encore comment varie la fatigue dans une même section quelconque de la culasse avec la position de la surcharge.

En dérivant l'équation (1) par rapport à y, x étant supposé constant, on trouve

$$\frac{d\varphi_1}{dy} = -(2\alpha - x)\frac{dR_1}{y}$$

$\frac{dR_1}{dy}$ étant une quantité essentiellement négative (voir l'équation (32)), $\frac{d\varphi_1}{dy}$ est positif et φ_1 augmente lorsque y croît. Donc si φ_1 est négatif ou ce qui revient au même

$$\text{si } x > 2\alpha - 2 \frac{R_1 - \frac{p(a^2 - \alpha^2)}{\alpha}}{p + p_1}$$

la fatigue augmente numériquement à mesure que y diminue et si φ_1 est positif, la fatigue croît avec y. L'équation (1) suppose d'ailleurs $x > y$. Par conséquent dans toute section de la partie du longeron occupée par la surcharge où la fatigue est positive, celle-ci est un maximum lorsque la charge mobile ne s'étend pas au-delà de cette section et dans toute section de la même partie de la pièce où la fatigue est négative, cette fatigue est numériquement la plus grande quand la surcharge couvre toute la culasse.

La dérivée par rapport à y de l'équation (2) est

$$\frac{d\varphi_2}{dy} = -\frac{p_1}{2}(2\alpha + y - 2x) + \frac{p_1}{2}(2\alpha - y) - \frac{dR_1}{dy}(2\alpha - x)$$

ou bien

$$\frac{d\varphi_2}{dy} = p_1(2\alpha - y) - (2\alpha - x)\left(p_1 + \frac{dR_1}{dy}\right).$$

On a d'ailleurs

$$p_1 + \frac{dR_1}{dy} = \frac{p_1(2\alpha - y)}{16\alpha^2(a+\alpha)}[8\alpha(a+\alpha) + 4\alpha y - y^2]$$

donc

$$\frac{d\varphi_2}{dy} = \frac{p_1(2\alpha - y)}{16\alpha^2(a+\alpha)}\left[16\alpha^2(a+\alpha) - (2\alpha - x)\left\{8\alpha(a+\alpha) + 4\alpha y - y^2\right\}\right] = $$
$$\frac{p_1(2\alpha - x)}{16\alpha^2(a+\alpha)}(2\alpha - y)\left[y^2 - 4\alpha y + \frac{8\alpha(a+\alpha)x}{2\alpha - x}\right]$$

Cette dérivée est égale à zéro pour $y = 2\alpha$ et pour $y^2 - 4\alpha y + \dfrac{8\alpha(a+\alpha)x}{2\alpha - x} = 0$.

La dernière condition est remplie lorsque

$$y = 2\alpha \mp \sqrt{\dfrac{4\alpha(2\alpha^2 - 3\alpha x - 2ax)}{2\alpha - x}}$$

Désignons les deux valeurs de y respectivement par α' et α''.

Le radical qui fait partie des valeurs de y est égal à zéro pour $x = 2\alpha\,\dfrac{\alpha}{3\alpha + 2a}$.

Tant que $x < 2\alpha\,\dfrac{\alpha}{3\alpha + 2a}$ α' et α'' sont réels.

Lorsque $x > 2\alpha\,\dfrac{\alpha}{3\alpha + 2a}$ α' et α'' deviennent imaginaires.

Cela étant, soit

$1°\ x < 2\alpha\,\dfrac{\alpha}{3\alpha + 2a}$. Les signes de $\dfrac{d\varphi_2}{dy}$ seront

$$
\begin{array}{ccccccc}
+ & 0 & - & 0 & + & 0 & - \\
\vdots & \vdots & & \vdots & & \vdots & \\
\end{array}
$$

pour $y = x$ $\qquad \alpha'$ $\qquad 2\alpha$ $\qquad \alpha''$ $\qquad +\infty$

Il suit de là que pour $y = x$ qui est la plus petite valeur de y admissible dans l'équation (2) la fonction φ_2 croît avec y; elle est alors algébriquement un minimum. Pour $y = \alpha'$ la dérivée passe du positif au négatif et l'on a un maximum de φ_2 ou de fatigue positive. A partir de $y = \alpha'$ la fonction φ_2 décroît pour arriver à un minimum lorsque l'on aura $y = 2\alpha$. Si la fatigue est négative, l'on aura donc le maximum de fatigue négative pour $y = 2\alpha$.

$2°\ x > 2\alpha\,\dfrac{\alpha}{3\alpha + 2a}$. Dans ce cas α' et α'' étant imaginaires la dérivée $\dfrac{d\varphi_2}{dy}$ ne pourra changer de signe que pour $y = 2\alpha$ et les signes de $\dfrac{d\varphi_2}{dy}$ seront

$$
\begin{array}{ccc}
+ & 0 & - \\
\vdots & \vdots & \vdots \\
\end{array}
$$

pour $y = x$ $\quad 2\alpha$ $\quad +\infty$

Donc la dérivée est alors positive pour toutes les valeurs de y comprises entre $y = x$ et $y = 2\alpha$. Le maximum de φ_2 ou de la fatigue positive correspond par conséquent à $y = 2\alpha$ et le minimum à $y = x$ et si la valeur de φ_2 qui se rapporte à $y = x$ est négative, elle donnera un maximum de fatigue négative. Ainsi dans toute section de la partie du longeron non occupée par la surcharge pour laquelle $x < 2\alpha\,\dfrac{\alpha}{3\alpha + 2a}$ le maximum de fatigue négative a lieu pour $y = 2\alpha$, le

maximum de fatigue positive pour $y = 2\alpha - \sqrt{\dfrac{4\alpha(2\alpha^2 - 3\alpha x - 2ax)}{2\alpha - x}}$ et dans toute section de la partie du longeron non occupée par la surcharge pour laquelle

$x > 2\alpha \dfrac{\alpha}{3\alpha + 2a}$ il y a maximum de fatigue négative pour $y = x$ et maximum de fatigue positive pour $y = 2\alpha$.

Il va de soi qu'il n'est pas nécessaire d'avoir égard aux fatigues négatives qui se produisent quand $y = 2\alpha$ dans les sections pour lesquelles $x < 2\alpha \dfrac{\alpha}{3\alpha + 2a}$, lorsque ces fatigues sont moindres que celles qui se développent dans les mêmes sections quand le pont est ouvert, c'est-à-dire si l'on a

$$S_1 (2\alpha - x) - \frac{p}{2} (2\alpha - x)^2 - \frac{p (a^2 - \alpha^2)}{\alpha} (2\alpha - x) < \frac{p}{2} (2\alpha - x)^2 + \frac{p (a^2 - \alpha^2)}{\alpha} (2\alpha - x)$$

ou

$$S_1 < p \left(\frac{2a^2}{\alpha} - x \right).$$

Cette condition est remplie pour les sections où $x < 2\alpha \dfrac{\alpha}{3\alpha + 2a}$ dès que l'on a

$$S_1 < 2ap \frac{a}{\alpha} - 2\alpha p \frac{\alpha}{3\alpha + 2a}.$$

ou

$$S < 2ap - 2\alpha p \frac{\alpha}{3\alpha + 2a} \frac{\alpha}{a}.$$

Quant aux fatigues positives qui ont lieu lorsque $y = 2\alpha - \sqrt{\dfrac{4\alpha (2\alpha^2 - 3\alpha x - 2ax)}{2\alpha - x}}$ dans les sections pour lesquelles $x < 2\alpha \dfrac{\alpha}{3\alpha + 2a}$, on peut prouver qu'elles sont toujours inférieures, ou tout au plus égales à celles qui se produisent dans les mêmes sections quand le pont est ouvert.

Écrivons à cette fin

$$\frac{p}{2} (2\alpha - x)^2 + \frac{p_1}{2} (2\alpha - y) (2\alpha + y - 2x) + \frac{p (a^2 - \alpha^2)}{\alpha} (2\alpha - x) - \left[S_1 + \frac{p_1}{\alpha^2 (a + \alpha)} \left\{ \frac{3}{4} \alpha^4 + a \alpha^3 + \frac{y^4}{64} - \frac{a y^3}{8} - \frac{a \alpha y^2}{8} \right\} \right] (2\alpha - x) < \frac{p}{2} (2\alpha - x)^2 + \frac{p (a^2 - \alpha^2)}{\alpha} (2\alpha - x). \quad \ldots \ldots (36)$$

inégalité dans laquelle $y = 2\alpha - \sqrt{\dfrac{4\alpha (2\alpha^2 - 3\alpha x + 2ax)}{2\alpha - x}}$ et $x < 2\alpha \dfrac{\alpha}{3\alpha + 2a}$

On en déduit

$$S_1 > - \frac{\frac{p_1}{2} (2\alpha - y) (2\alpha + y - 2x)}{x} - \frac{p_1}{\alpha^2 (a + \alpha)} \left\{ \frac{3}{4} \alpha^4 + a \alpha^3 + \frac{y^4}{64} - \frac{\alpha y^3}{8} - \frac{a \alpha y^2}{8} \right\} \quad \ldots \ldots (37)$$

En dérivant le second membre de cette inégalité par rapport à x, y étant considéré comme une fonction de cette variable, on trouve l'expression

$$- \frac{2\alpha\,(2\alpha^2 - 3\alpha x - 2ax)\,p_1}{(2\alpha - x)^3}.$$

Sous cette forme on voit que la dérivée est négative pour $x = o$ et nulle pour

$$x = 2\alpha\,\frac{\alpha}{3\alpha + 2a}.$$

Il en résulte que la fonction diminue quand x augmente à partir de zéro, qu'elle a sa plus grande valeur pour $x = o$ et qu'elle est un minimum pour $x = 2\alpha\,\dfrac{\alpha}{3\alpha + 2a}$.

Pour que la condition (36) soit remplie, l'effort de calage ne devra donc jamais dépasser la valeur $S = 2\alpha p_1\,\dfrac{\alpha}{a}\,\dfrac{\alpha}{8\,(a + \alpha)}$ que l'on obtient en faisant $x = o$ et par suite $y = o$ dans le second membre de l'inégalité (37) et cette valeur de S est, ainsi qu'on l'a vu plus haut, celle que l'effort de calage à l'extrémité du longeron, vers la volée, doit atteindre pour que l'extrémité de la volée reste calée lors du passage de la charge sur la culasse.

En résumé, la discussion précédente prouve que lorsque la charge uniformément répartie s'avance graduellement depuis l'extrémité de la culasse jusqu'au pivot :

1° Il se produit : un maximum négatif m'_1 au moment où cette charge couvre toute la culasse ; un maximum négatif m'_2 au moment où la charge mobile est enlevée sur toute la culasse ; un maximum positif M'_2 lorsque la culasse est entièrement couverte par la charge uniformément répartie.

2° Dans toutes les sections pour lesquelles $x > 2\alpha\,\dfrac{\alpha}{3\alpha + 2a}$ le maximum de fatigue négative a lieu lorsque la charge mobile occupe toute la culasse et le maximum de fatigue positive quand toute la charge est enlevée.

3° Dans toutes les sections pour lesquelles $x < 2\alpha\,\dfrac{\alpha}{3\alpha + 2a}$ le maximum de fatigue négative se produit lorsque la charge est enlevée sur toute la culasse, et le maximum de fatigue positive lorsque la charge mobile occupe une partie de la culasse telle que l'on ait

$$y = 2\alpha - \sqrt{\frac{4a\,(2\alpha^2 - 3\alpha x - 2ax)}{2\alpha - x}}.$$

4° Dès que l'on a $S < 2\alpha p - 2\alpha p\,\dfrac{\alpha}{3\alpha + 2a}\,\dfrac{\alpha}{a}$, on n'a pas à se préoccuper des fatigues négatives qui se produisent quand la charge est enlevée sur toute la culasse, dans les sections pour lesquelles $x < 2\alpha\,\dfrac{\alpha}{3\alpha + 2a}$, parce qu'alors ces fatigues sont inférieures à celles qui se développent dans les mêmes sections lorsque le pont est ouvert.

5° L'on ne doit pas avoir égard aux fatigues positives qui ont lieu lorsque $y = 2\alpha -$

$$\sqrt{\frac{4\alpha\,(2\alpha^2 - 3\alpha x - 2ax)}{2\alpha - x}}$$ dans les sections pour lesquelles $x < 2\alpha \cdot \dfrac{\alpha}{3\alpha + 2a}$

parce !que dès le moment que le pont est suffisamment calé pour que l'extrémité de la volée ne se soulève pas par le passage de la charge, ces fatigues sont inférieures à celles qui se produisent dans les mêmes sections quand le pont est ouvert.

Admettant ensuite que la charge continue à s'avancer au-delà du pivot sur la volée, il est clair que la partie de cette charge qui couvre la volée diminuera la réaction R_1 à l'extrémité de la culasse, et que par conséquent les fatigues négatives dans la culasse diminueront, tandis que les fatigues positives iront en croissant et atteindront leur maximum quand la charge mobile occupera le pont tout entier.

En pratique, on aura généralement $S < 2ap - 2\alpha p \dfrac{\alpha}{3\alpha + 2a}\, \dfrac{\alpha}{a}$. Quand cette condition sera remplie l'on n'aura donc qu'à considérer les fatigues négatives qui se produisent dans la partie des longerons appartenant à la culasse lorsque cette travée seule est entièrement occupée par la charge mobile, les fatigues positives qu s'y développent quand la volée et la culasse sont totalement chargées et les fatigues positives qui se produisent dans la culasse lorsque le pont est ouvert.

Si l'on substitue dans l'équation (1) à R, la valeur R_1, donnée par l'équation (33), il vient

$$\frac{\varepsilon \mu}{h'} = \left[\frac{p + p_1}{2}\,(2\alpha - x) + \frac{p\,(a^2 - \alpha^2)}{\alpha} - \frac{a S}{\alpha} - \frac{\alpha p_1\,(3\alpha + 4a)}{4\,(a + \alpha)} \right] (2\alpha - x) \quad \ldots \ldots \ (38)$$

C'est l'expression de la fatigue dans une section de la culasse située à la distance x du pivot, lorsque la charge uniformément répartie occupe toute cette travée.

Cette fatigue est nulle lorsque

$$x = x_3 = \frac{\dfrac{a}{\alpha}\left[4a^2 p + \dfrac{\alpha^3 p_1}{a} + 4a\alpha p - 4S\,(a + \alpha) \right]}{2\,(p + p_1)\,(a + \alpha)} \quad \ldots \ldots \ (39)$$

Par conséquent, lorsque la charge uniformément répartie occupe entièrement la culasse, la fatigue est négative dans toutes les sections de cette travée situées à une distance du pivot plus grande que x_3 et positive dans les sections plus rapprochées du pivot.

x_3 est nul et par conséquent la fatigue devient négative dans toute l'étendue de la culasse lorsque

$$S = S'' = ap + \frac{\alpha^3 p_1}{4a\,(a + \alpha)} \quad \ldots \ldots \ (40)$$

Comparons les fatigues qu'éprouvent les longerons à la culasse quand le pont est ouvert, à celles qu'ils subissent dans la même travée lorsque le pont est fermé et mis à la serre et chargé d'un poids uniformément réparti sur toute la culasse.

Quand le pont est ouvert, on a pour une section de la culasse située à une distance x du pivot

$$\frac{\varepsilon \mu}{h'} = (2\alpha - x)^2\,\frac{p}{2} + \frac{a^2 - \alpha^2}{\alpha}\,p\,(2\alpha - x). \quad \ldots \ldots \ (41)$$

et lorsqu'il est fermé la fatigue négative dans toutes les sections comprises entre l'extrémité de la culasse et la section dont la distance au pivot est x_3, s'exprime par

$$\frac{\varepsilon\mu}{h'} = -(2\alpha - x)\left[\frac{aS}{\alpha} + \frac{\alpha p_1(3\alpha + 4a)}{4(a+\alpha)} - \frac{p+p_1}{2}(2\alpha - x) - \frac{p(a^2 - \alpha^2)}{\alpha}\right] \ \ldots \ldots \ (42)$$

Pour que la première valeur de $\frac{\varepsilon\mu}{h'}$ l'emporte sur la seconde ou lui soit égale, abstraction faite du signe, il faut que

$$(2\alpha - x)^2\frac{p}{2} + \frac{a^2 - \alpha^2}{\alpha}p(2\alpha - x) \geqq (2\alpha - x)\left[\frac{aS}{\alpha} + \frac{\alpha p_1(3\alpha + 4a)}{4(a+\alpha)} - \frac{p+p_1}{2}(2\alpha - x) - \frac{p(a^2 - \alpha^2)}{\alpha}\right] \ \ldots \ldots \ (43)$$

d'où l'on déduit

$$x = x_4 \lesseqgtr \frac{1}{2p+p_1}\left\{\frac{\alpha^2 p_1}{2(a+\alpha)} + 4\alpha p\frac{\alpha}{a} - 2S\frac{\alpha}{a}\right\} \ \ldots \ldots \ (44)$$

Par conséquent *dans toute section de la culasse comprise entre le pivot et le point où* x = x_4 *la fatigue sera numériquement plus petite lorsque le pont est fermé, chargé d'un poids uniformément réparti sur toute la travée et calé que lorsqu'il est ouvert, et dans toute section située au-delà, la fatigue sera numériquement la plus grande lorsque le pont est fermé.*

Comparons encore la fatigue négative maxima de la volée.

$$m'_1 = -\frac{\left[S + \frac{a p_1(3a + 4\alpha)}{4(a+\alpha)}\right]^2}{2(p+p_1)}$$

à la fatigue négative maxima de la culasse

$$m'_1 = -\frac{\left[\frac{aS}{\alpha} + \frac{\alpha p_1(3\alpha + 4a)}{4(a+\alpha)} - \frac{p(a^2 - \alpha^2)}{\alpha}\right]^2}{2(p+p_1)}$$

et posons à cet effet

$$S + \frac{a p_1(3a + 4\alpha)}{4(a+\alpha)} \gtreqless \frac{aS}{\alpha} + \frac{\alpha p_1(3\alpha + 4a)}{4(a+\alpha)} - \frac{p(a^2 - \alpha^2)}{\alpha}.$$

Ces inégalités reviennent à

$$S \gtreqless \frac{3}{4}\alpha p_1 + ap + \alpha p.$$

Pour les longueurs de culasse admises en pratique, la valeur $S''' = \frac{3}{4}\alpha p_1 + ap + \alpha p$ est toujours supérieure à celle $S'' = ap + \frac{a^2 p_1}{4(a+\alpha)}$ donnée par l'équation (40) de la page 627 et à plus forte raison à la valeur $S' = ap + \dfrac{\alpha}{a} \cdot \dfrac{a^2 p_1}{4 (a + \alpha)}$ fournie par l'équation (40) de la page 762; car si dans l'inégalité

$$ap + \frac{a^2 p_1}{4 (a + \alpha)} < \frac{3}{4} \alpha p_1 + ap + \alpha p$$

on suppose $\alpha = a$ on obtient

$$ap + \frac{ap_1}{8} < \frac{3}{4} ap_1 + 2ap$$

et si l'on suppose $\alpha = \frac{1}{3} a$, il vient

$$ap + \frac{3 a p_1}{16} < ap + \frac{3 a p_1}{12} + \frac{ap}{3},$$

inégalités qui sont évidentes. Comme il est du reste inutile de pousser l'effort de calage jusqu'au point de rendre la fatigue négative dans toute l'étendue du pont, cet effort ne devra jamais atteindre pour chaque longeron la valeur S'. On aura donc toujours $S < \dfrac{3}{4} \alpha p_1 + ap + \alpha p$ et par conséquent on peut dire que *la fatigue négative maxima dans la volée est toujours plus grande numériquement que la fatigue négative maxima dans la culasse.*

2° *Poids uniformément réparti sur la totalité des deux travées.*

Les fatigues qui se produisent dans le longeron VC peuvent s'exprimer comme suit :

1° Lorsque le longeron porte une surcharge p_1 par mètre courant.

A. Dans la partie PV

$$\frac{\varepsilon \mu}{h'} = \frac{\varepsilon d^2 f}{d x^2} = \frac{p + p_1}{2} (2a - x)^2 - R (2a - x). \quad \ldots \quad (1)$$

avec la condition $2a > x > o$

B. Dans la partie PC.

$$\frac{\varepsilon \mu}{h'} = \frac{\varepsilon d^2 f}{d x^2} = \frac{p + p_1}{2} (2\alpha + x)^2 + \frac{p (a^2 - \alpha^2)}{\alpha} (2\alpha + x) - R_1 (2\alpha + x) \ldots (2)$$

avec la condition $2\alpha > - x > o$

2° Lorsque le longeron ne porte pas de surcharge

A. Dans la partie PV

$$\frac{\varepsilon \mu}{h'} = \frac{\varepsilon d^2 f}{d x^2} = \frac{p}{2} (2a - x)^2 - S (2a - x). \quad \ldots \quad (3)$$

avec la condition $2a > x > o$

B. Dans la partie PC

$$\frac{\varepsilon \mu}{h'} = \frac{\varepsilon d^2 f}{d x^2} = \frac{p}{2} (2\alpha + x)^2 + \frac{p (a^2 - \alpha^2)}{\alpha} (2\alpha + x) - S_1 (2\alpha + x), \quad \ldots \quad (4)$$

avec la condition $2\alpha > - x > o$.

Déterminons les réactions R et R_1

Par l'intégration des équations (1), (2), (3) et (4), et en supposant ε constant, on trouve respectivement

$$\frac{\varepsilon\, df}{dx} = (p + p_1) \left\{ 2a^2 x + \frac{x^3}{6} - a x^2 \right\} - R \left(2ax - \frac{x^2}{2} \right) + c. \quad\ldots\ldots (1)^1$$

$$\varepsilon f = (p + p_1) \left\{ a^2 x^2 + \frac{x^4}{24} - \frac{a x^3}{3} \right\} - R \left(a x^2 - \frac{x^3}{6} \right) + cx + c'. \ldots (1)^2$$

$$\frac{\varepsilon\, df}{dx} = (p + p_1) \left\{ 2\alpha^2 x + \frac{x^3}{6} + \alpha x^2 \right\} + \frac{p\,(a^2 - \alpha^2)}{\alpha} \left(2\alpha x + \frac{x^2}{2} \right) - R_1$$

$$\left(2\alpha x + \frac{x^2}{2} \right) + c_1. \ldots\ldots (2)^1$$

$$\varepsilon f = (p + p_1) \left\{ \alpha^2 x^2 + \frac{x^4}{24} + \frac{\alpha x^3}{3} \right\} + \frac{p\,(a^2 - \alpha^2)}{\alpha} \left(\alpha x^2 + \frac{x^3}{6} \right) - R_1$$

$$\left(\alpha x^2 + \frac{x^3}{6} \right) + c_1 x + c'_1 \ldots\ldots (2)^2$$

$$\frac{\varepsilon\, df}{dx} = p \left\{ 2a^2 x + \frac{x^3}{6} - a x^2 \right\} - S \left(2ax - \frac{x^2}{2} \right) + c_2. \ldots\ldots (3)^1$$

$$\varepsilon f = p \left\{ a^2 x^2 + \frac{x^4}{24} - \frac{a x^3}{3} \right\} - S \left(a x^2 - \frac{x^3}{6} \right) + c_2 x + c'_2 \ldots (3)^2$$

$$\frac{\varepsilon\, df}{dx} = p \left\{ 2\alpha^2 x + \frac{x^3}{6} + \alpha x^2 \right\} + \frac{p\,(a^2 - \alpha^2)}{x} \left(2\alpha x + \frac{x^2}{2} \right) - S_1 \left(2\alpha x + \frac{x^2}{2} \right)$$

$$+ c_3 \ldots\ldots (4)^1$$

$$\varepsilon f = p \left\{ \alpha^2 x^2 + \frac{x^4}{24} + \frac{\alpha x^3}{3} \right\} + \frac{p\,(a^2 - \alpha^2)}{\alpha} \left(\alpha x^2 + \frac{x^3}{6} \right) - S_1 \left(\alpha x^2 + \frac{x^3}{6} \right)$$

$$+ c_3 x + c'_3 \ldots\ldots (4)^2$$

Si l'on fait $x = -2\alpha$ dans $(2)^2$ et $(4)^2$ les deux valeurs de f doivent être égales, on a donc

$$c'_1 = \frac{8}{3} \alpha^3 (R_1 - S_1) - 2 p_1 \alpha^4 + 2\alpha c_1 - 2\alpha c_3 + c'_3. \ldots (5)$$

En supposant $x = o$ dans $(1)^2$ il faut que l'on trouve $f = o$, par conséquent

$$c' = o. \ldots\ldots (6)$$

La substitution de $x = o$ dans $(2)^2$ doit donner $f = o$, par suite

$$c'_1 = o. \ldots\ldots (7)$$

Lorsqu'on remplace x par $2a$ dans $(1)^2$ et $(3)^2$, il faut que les deux valeurs de f soient les mêmes. On en déduit

$$2 p_1 a^4 - \frac{8}{3} a^3 (R - S) + 2 a c + c' = 2 a c_2 + c'_2. \ldots\ldots (8)$$

Si l'on suppose $x = o$ dans $(3)^2$ on doit trouver $f = o$ et par suite

$$c'_2 = o. \ldots\ldots (9)$$

Par la substitution de o à x dans (1)[1] et (2)[1] il faut que l'on obtienne deux valeurs égales, d'où résulte

$$c = c_1 \quad \ldots \quad (10)$$

En faisant x nul dans (3)[1] et (4)[1] il faut que les résultats soient égaux, ce qui donne.

$$c_2 = c_3 \quad \ldots \quad (11)$$

Lorsque dans (1) et (2) on remplace x par o, les résultats doivent être les mêmes, par conséquent

$$p_1 (a^2 - \alpha^2) = aR - \alpha R_1 \quad \ldots \quad (12)$$

Enfin si l'on rend x nul dans (4)[2] il faut que l'on trouve $f = o$, donc

$$c_3 = o \quad \ldots \quad (13)$$

En combinant maintenant entre elles les équations (5), (7), (10) et (13) on trouve

$$\frac{4}{3} \alpha^2 (R_1 - S_1) - p_1 \alpha^3 = c_2 - c \quad \ldots \quad (14)$$

L'équation (8) donne par la substitution des valeurs de c' c'' c_2 et c'_2 fournies par les équations (6), (9) et (11)

$$\frac{4}{3} a^2 (R - S) - p_1 a^3 = c - c_3 \quad \ldots \quad (15)$$

Si l'on additionne membre à membre les équations (14) et (15), les constantes c et c_3 disparaissent, et il vient

$$\frac{4}{3} \alpha^2 (R_1 - S_1) + \frac{4}{3} a^2 (R - S) = p_1 \alpha^3 + p_1 a^3 \quad \ldots \quad (16)$$

Substituant dans cette dernière équation la valeur de R en R_1 fournie par (12), et tenant compte de l'égalité $2aS = 2\alpha S_1$ on obtient enfin.

$$R_1 - S_1 = \frac{p_1}{4\alpha} \left\{ 3\alpha^2 - a (a - \alpha) \right\} \quad \ldots \quad (17)$$

et en ayant égard à l'équation (16)

$$R - S = \frac{p_1}{4a} \left\{ 3a^2 + \alpha (a - \alpha) \right\} \quad \ldots \quad (18)$$

Les réactions aux extrémités de la volée et de la culasse étant déterminées, pour connaître les fatigues dans les diverses sections des deux travées, il suffit de remplacer dans (1) et (2) R et R_1 par leurs valeurs tirées de (17) et (18). On trouve par cette substitution :

$$\frac{\varepsilon \mu}{h'} = (2a - x \left[\frac{p + p_1}{2} (2a - x) - S - \frac{p_1}{4a} \left\{ 3a^2 + \alpha (a - \alpha) \right\} \right] \quad \ldots \quad (19)$$

pour la volée;

$$\frac{\varepsilon \mu}{h'} = (2\alpha + x \left[\frac{p + p_1}{2} (2\alpha + x) - \frac{aS}{\alpha} - \frac{p_1}{4\alpha} \left\{ 3\alpha^2 - a (a - \alpha) \right\} + \frac{p (a^2 - \alpha^2)}{\alpha} \right] \quad \ldots \quad (20)$$

pour la culasse.

Examinons successivement ces deux équations.

A.   VOLÉE.

La valeur de x qui rend nul le dernier facteur du second membre de l'équation (19) est

$$x_1 = \frac{\left\{ a^2 - \alpha\,(a - \alpha) \right\} p_1 + 4a\,(ap - S)}{2a\,(p + p_1)} \quad \ldots\ldots\ldots (21)$$

Toute valeur de x plus petite rend ce second membre positif et toute valeur plus grande le rend négatif.

Pour que x_1 corresponde à une section située dans la volée, il faut que

$$\frac{\left\{ a^2 - \alpha\,(a - \alpha) \right\} p_1 + 4a\,(ap - S)}{2a\,(p + p_1)} > o$$

$$\frac{\left\{ a^2 - \alpha\,(a - \alpha) \right\} p_1 + 4a\,(ap - S)}{2a\,(p + p_1)} < 2a$$

inégalités qui reviennent respectivement à

$$S < \frac{4a^2 p + (a^2 - a\alpha + \alpha^2)\,p_1}{4a}$$

$$S > \frac{(\alpha^2 - a\alpha - 3a^2)\,p_1}{4a}.$$

La dernière condition est toujours satisfaite dès que S est positif; par conséquent *quel que soit l'effort de calage, la fatigue est toujours négative dans une partie de la volée.*

Tant que l'effort de calage satisfait aux conditions

$$\begin{cases} S > o \\ S < \dfrac{4a^2 p + (a^2 - a\alpha + \alpha^2)\,p_1}{4a}. \end{cases}$$

la fatigue est négative dans la partie de la volée comprise entre son extrémité et la section située à la distance x_1 du pivot et positive dans l'autre partie. (Voir la figure 7 dans laquelle les fatigues positives sont représentées par les ordonnées de la courbe $m\,n$ prises par rapport à la droite $n\,p$ et les fatigues négatives par les ordonnées de la courbe $n\,o\,p$ prises par rapport à la même droite.)

Lorsque cet effort est tel que l'on ait

$$S > \frac{4a^2 p + (a^2 - a\alpha + \alpha^2)\,p_1}{4a} \quad \ldots\ldots (22)$$

la fatigue est négative dans toute l'étendue de la volée.

Nous verrons plus loin que si cette condition est remplie la fatigue devient aussi négative dans toute l'étendue de la culasse.

Supposons $S > o$ $x < x_1$ $S < \dfrac{4\,a^2\,p + (a^2 - a\alpha + \alpha^2)\,p_1}{4\,a}$.

Le maximum de $\dfrac{\varepsilon\mu}{h'}$ (19) correspond à $x = o$ et il est

$$\left(\frac{\varepsilon\mu}{h'}\right)_1 = 2\,a^2\,p + \left\{ a^2 - \alpha\,(a - \alpha) \right\} \frac{p_1}{2} - 2\,a\,S \ldots \ldots (23)$$

expression qui est la plus grande possible lorsque $\alpha = o$, $\alpha = a$ et qui est un minimum pour $\alpha = \dfrac{a}{2}$.

On peut donc dire que *dans le cas où la volée et la culasse d'un pont tournant sont chargées simultanément d'un poids uniformément distribué sur la totalité de chacune de ces travées, les fatigues positives des longerons dans les sections qui correspondent au pivot sont les moindres lorsque la longueur de la culasse est la moitié de celle de la volée, et qu'elles sont, au contraire, les plus grandes quand la volée et la culasse ont même longueur.*

Lorsque $S > o$ $x > x_1$ $\dfrac{\varepsilon\mu}{h'}$ (19) est négatif et peut se mettre sous la forme.

$$\frac{\varepsilon\mu}{h'} = - (2\,a - x) \left[\frac{p_1}{4\,a} \left\{ 3\,a^2 + \alpha\,(a - \alpha) \right\} - \frac{p + p_1}{2} (2\,a - x) + S \right] \ldots (24)$$

La dérivée du second membre de cette équation par rapport a x est

$$\frac{p_1}{4\,a} \left\{ 3\,a^2 + \alpha\,(a - \alpha) \right\} - (p + p_1)\,(2\,a - x) + S.$$

En l'égalant à zéro, on en tire

$$x_2 = 2\,a - \frac{\dfrac{p_1}{4\,a} \left\{ 3\,a^2 + \alpha\,(a - \alpha) \right\} + S}{p + p_1} \ldots \ldots (25)$$

Substituant à x cette valeur de x_2 dans (24), il vient

$$\left(\frac{\varepsilon\mu}{h'}\right)_2 = - \frac{\left[p_1 \left\{ 3\,a^2 + \alpha\,(a - \alpha) \right\} + 4\,a\,S \right]^2}{32\,a^2\,(p + p_1)} \ldots \ldots (26)$$

expression qui représente, abstraction faite du signe négatif, la plus grande valeur numérique que peut prendre le second membre de (24) quand on fait varier x.

Numériquement cette expression est un maximum pour $\alpha = \dfrac{a}{2}$ et un minimum pour $\alpha = o$ $\alpha = a$.

On peut conclure de là que *dans le cas où la volée et la culasse d'un pont tournant sont chargées simultanément d'un poids uniformément distribué sur la totalité de chacune de ces travées, la fatigue négative des longerons dans la section appartenant à la volée où cette fatigue est la plus grande a numériquement sa moindre valeur lorsque la culasse a même longueur que la volée et sa plus grande valeur lorsque la longueur de la volée est double de celle de la culasse.*

Les fatigues $\left(\dfrac{\varepsilon\mu}{h'}\right)_1$ et $\left(\dfrac{\varepsilon\mu}{h'}\right)_2$ deviennent numériquement égales lorsque

$$S = S_2 = 2ap\,(\sqrt{2}-1) + 2ap_1\left(\sqrt{2}-\frac{11}{8}\right) - \frac{\alpha\,(a-\alpha)\,p_1}{4\,a} \quad \ldots \ldots \quad (27)$$

C'est pour un longeron à section constante soumis à l'action d'un poids uniformément distribué sur la totalité de la volée et de la culasse et simultanément sur ces deux travées, l'effort de calage le plus avantageux à appliquer, au point de vue de la fatigue de la partie de ce longeron qui appartient à la volée.

Quand la condition (27) est remplie, alors

$$S_1 = \frac{a}{\alpha}\,2ap\,(\sqrt{2}-1) + \frac{a}{\alpha}\,2ap_1\left(\sqrt{2}-\frac{11}{8}\right) - \frac{(a-\alpha)\,p_1}{4} \quad \ldots \ldots \quad (28)$$

Dans ce cas $\left(\dfrac{\varepsilon\mu}{h'}\right)_1$ et $\left(\dfrac{\varepsilon\mu}{h'}\right)_2$ deviennent

$$\left(\frac{\varepsilon\mu}{h'}\right)_2 = (6-4\sqrt{2})\;a^2\,(p+p_1)$$

Il est à remarquer que cette fatigue est indépendante de la longueur de la culasse.

Lorsque la fatigue positive maxima $\left(\dfrac{\varepsilon\mu}{h'}\right)_1$ est égale à la fatigue négative maxima $\left(\dfrac{\varepsilon\mu}{h'}\right)_2$ on peut poser la condition que ces fatigues soient inférieures ou tout au plus égales à la fatigue au pivot quand le pont est ouvert. Cette condition donne

$$p_1 \underset{=}{<} \frac{2p\,(\sqrt{2}-1)}{3-2\sqrt{2}}$$

Si l'on veut que l'effort de calage soit tel que la fatigue $\left(\dfrac{\varepsilon\mu}{h'}\right)_1$ et la fatigue au pivot lorsque le pont est ouvert aient la même valeur, il faudra faire

$$S = S_3 = \frac{a^2 p_1 - \alpha\,(a-\alpha)\,p_1}{4\,a} \quad \ldots \ldots \quad (29)$$

Nous avons vu précédemment que la plus grande fatigue négative qui se produit dans la partie appartenant à la volée d'un longeron de pont tournant soumis à l'action d'un poids uniformément distribué sur la volée est exprimée par

$$m'_1 = -\frac{\left[S + \dfrac{ap_1\,(a+4\,\alpha)}{4\,(a+\alpha)}\right]^2}{2\,(p+p_1)}.$$

Cette fatigue dépassant numériquement la fatigue négative maxima qui se produit dans la même partie du longeron lorsque celui-ci porte une surcharge distribuée simultanément sur la totalité des deux travées, il y a lieu d'avoir égard à cette circonstance. Si donc l'on veut déterminer l'effort de calage de manière à rendre numériquement égales les fatigues maxima qui peuvent se produire dans la partie du longeron qui correspond à la volée il faudra poser

$$\frac{\left[S + \dfrac{a p_1\,(3a + 4\alpha)}{4(a + \alpha)} \right]^2}{2\,(p + p_1)} = 2a^2\,p + \left\{ a^2 - \alpha\,(a - \alpha) \right\}\frac{p_1}{2} - 2\,a\,S$$

d'où l'on tire

$$S_4 = \sqrt{p + p_1}$$

$$\sqrt{4a^2 \left\{ 2p + \frac{(11\,a + 12\,\alpha)\,p_1}{4\,(a + \alpha)} \right\} - \left\{ 3a^2 + \alpha\,(a - \alpha) \right\} p_1} - a \left\{ 2p + \frac{11\,a + 12\,\alpha}{4\,(a + \alpha)} \right\} \quad \ldots \quad (30)$$

C'est pour un longeron à section constante soumis successivement à l'action : 1° d'un poids uniformément réparti simultanément sur la totalité de la volée et de la culasse ; 2° d'un poids uniformément distribué sur la volée seulement, l'effort de calage le plus avantageux à appliquer au point de vue de la fatigue de la partie de ce longeron qui appartient à la volée.

La condition (30) étant remplie les valeurs de $\left(\dfrac{\varepsilon \mu}{h'} \right)_{\mathrm{I}}$ et de m'_1 deviennent.

$$\left(\frac{\varepsilon \mu}{h'} \right)_4 = 2a^2\,(p + p_1) + 2a^2 \left\{ 2p + \frac{(11\,a + 12\,\alpha)\,p_1}{4\,(a + \alpha)} \right\} - \left\{ 3a^2 + \alpha\,(a - \alpha) \right\}$$

$$\frac{p_1}{2} - 2a\,\sqrt{p + p_1}$$

$$\sqrt{4a^2 \left\{ 2p + \frac{(11\,a + 12\,\alpha)\,p_1}{4\,(a + \alpha)} \right\} - \left\{ 3a^2 + \alpha\,(a - \alpha) \right\} p_1} \quad \ldots \quad (31)$$

Si l'on représente le terme $2a^2 \left\{ 2p + \dfrac{(11\,a + 12\,\alpha)\,p_1}{4\,(a + \alpha)} \right\} - \left\{ 3a^2 + \alpha\,(a - \alpha) \right\}$ $\dfrac{p_1}{2}$ par c on aura

$$\left(\frac{\varepsilon \mu}{h'} \right)_4 = 2a^2\,(p + p_1) + \sqrt{c} \left\{ \sqrt{c} - 2a\,\sqrt{p + p_1}\,\sqrt{2} \right\} \quad \ldots \ldots \quad (32)$$

Cherchons comment cette fatigue varie avec la longueur de la culasse.

A cette fin dérivons le second membre de (32) par rapport à α. En désignant $\left(\dfrac{\varepsilon \mu}{h'} \right)_4$ par φ on trouve

$$\frac{d\varphi}{d\alpha} = \frac{dc}{d\alpha} \left\{ 1 - a\,\sqrt{\frac{2\,(p + p_1)}{c}} \right\}$$

on a d'ailleurs

$$\frac{dc}{d\alpha} = \frac{\alpha^2\,(3\,a + 2\alpha)\,p_1}{2\,(a + \alpha)^2}.$$

La valeur de $\dfrac{d\varphi}{d\alpha}$ se compose de deux facteurs dont le premier est évidemment positif. Quand au second, il l'est également car $\frac{dc}{d\alpha}$ étant toujours positif c décroît constamment à mesure que α diminue; d'où il résulte que la valeur minima du second facteur est donnée par $\alpha = o$. Cette valeur minima étant

$$1 - \sqrt{\frac{4\,(p + p_1)}{8\,p + 19\,p_1}},$$

attendu qu'elle est encore positive, le second facteur ne peut pas devenir négatif. $\frac{d\varphi}{d\alpha}$ est donc toujours positif et la fonction φ diminuant ainsi constamment avec α elle prend sa plus petite valeur pour $\alpha = o$.

Par conséquent *pour un longeron à section constante soumis successivement à l'action : 1° d'un poids uniformément réparti simultanément sur la totalité de la volée et de la culasse; 2° d'un poids uniformément distribué sur la volée seulement et calé de la manière la plus avantageuse, les fatigues maxima qui se produisent dans la partie du longeron appartenant à la volée seront d'autant plus petites que l'on réduira davantage la longueur de la culasse.*

Comparons les fatigues qu'éprouvent les longerons à la volée, quand le pont est ouvert, à celles qu'ils subissent dans la même travée lorsque le pont est fermé et mis à la serre et chargé d'un poids uniformément distribué sur la totalité de la volée et de la culasse.

Quand le pont est ouvert on a pour une section située à la distance x du pivot

$$\frac{\varepsilon\mu}{h'} = (2a - x)^2 \frac{p}{2}$$

et lorsqu'il est fermé, la fatigue négative dans toutes les sections du longeron comprises entre son extrémité et la section qui se trouve à la distance du pivot

$$x_1 = \frac{\left\{ a^2 - \alpha\,(a - \alpha) \right\} p_1 + 4a\,(ap - S)}{2a\,(p + p_1)}$$

(voir les équations (21) et (24) s'exprime par

$$\frac{\varepsilon\mu}{h'} = -\,(2a - x) \left[\frac{p_1}{4a} \left\{ 3\,a^2 + \alpha\,(a - \alpha) \right\} - \frac{p + p_1}{2}\,(2a - x) + S \right]$$

Pour que la première valeur de $\frac{\varepsilon\mu}{h'}$ l'emporte sur la seconde, abstraction faite du signe, il faut que

$$(2a - x)^2 \frac{p}{2} > (2a - x) \left[\frac{p_1}{4a} \left\{ 3\,a^2 + \alpha\,(a - \alpha) \right\} - \frac{p + p_1}{2}\,(2a - x) + S \right]$$

condition qui est satisfaite quand

$$x < 2a - \frac{2 \left[\frac{p_1}{4a} \left\{ 3\,a^2 + \alpha\,(a - \alpha) \right\} + S \right]}{2p + p_1} \qquad \ldots \ldots \;(33)$$

Il suit de là, que dans toutes les sections du longeron situées dans la volée à une distance du pivot inférieure au second membre de l'inégalité précédente, la fatigue quand le pont est ouvert sera numériquement plus grande que la fatigue négative dans les mêmes sections lorsqu'il est fermé et chargé d'un poids uniformément réparti simultanément sur la totalité de la volée et de la culasse et que dans toutes les sections plus éloignées du pivot, la fatigue négative lorsque le pont est fermé, l'emportera numériquement sur la fatigue qui se produira dans les mêmes sections quand le pont est ouvert.

Il est facile de s'assurer que le second membre de l'inégalité (33) l'emporte constamment sur la valeur de x_1 donnée par l'équation (21) et qui détermine la position de la section de longeron où la fatigue est nulle, car la valeur de x_1 peut se mettre sous la forme

$$x_1 = 2a - \frac{2\left[\frac{p_1}{4a}\left\{3a^2 + \alpha(a-\alpha) + S\right\}\right]}{p + p_1}.$$

Ce second membre est au contraire toujours inférieur à la valeur de x_2 fournie par l'équation (25) et qui fixe la position de la section du longeron où la fatigue négative est un maximum.

Lorsque le pont est fermé la fatigue positive dans toutes les sections du longeron comprises entre le pivot et le point qui s'en trouve à la distance

$$x_1 = \frac{\left\{a^2 - \alpha(a-\alpha)\right\}p_1 + 4a(ap - S)}{2a(p + p_1)}$$

s'exprime par

$$\frac{\varepsilon\mu}{h'} = (2a - x)\left[\frac{p + p_1}{2}(2a - x) - \frac{p_1}{4a}\left\{3a^2 + \alpha(a-\alpha)\right\} - S\right].$$

Pour que cette fatigue soit supérieure à celle qui se produit, le pont étant ouvert, dans une section située à la distance x du pivot, il faut que

$$(2a - x)^2\,\frac{p}{2} < (2a - x)\left[\frac{p + p_1}{2}(2a - x) - \frac{p_1}{4a}\left\{3a^2 + \alpha(a-\alpha)\right\} - S\right]$$

d'où l'on tire

$$x < 2a - \frac{2\left[\frac{p_1}{4a}\left\{3a^2 + \alpha(a-\alpha)\right\} + S\right]}{p_1} \quad \ldots \ldots (34)$$

De là résulte que *dans toutes les sections du longeron situées dans la volée à une distance du pivot inférieure au second membre de l'inégalité qui précède, la fatigue positive quand le pont est fermé et chargé d'un poids uniformément réparti simultanément sur la totalité de la volée et de la culasse, sera plus grande que lorsqu'il est ouvert, et que dans toutes les sections plus éloignées du pivot la fatigue positive quand le pont est fermé sera inférieure à celle qui, le pont étant ouvert, se produira dans les mêmes sections.*

On peut s'assurer que la valeur de x_1 qui détermine la position de la section du longeron où la fatigue est nulle et le second membre de l'inégalité (33) sont toujours plus grands que le second membre de l'inégalité (34).

Les sections du longeron peuvent être variables. Si dans ce cas on suppose le pont chargé successivement : 1° d'un poids uniformément distribué sur la totalité de la volée ; 2° d'un poids uniformément réparti sur la totalité de la volée et de la culasse et que les sections du longeron sont déterminées de manière que pour toutes l'allongement des fibres les plus éloignées de l'axe neutre soit le même et que les surfaces des diverses sections soient proportionnelles au maximum du moment des forces extérieures pris par rapport à ces sections, le poids de la partie du longeron qui appartient à la volée sera proportionnel à l'expression suivante :

$$\int_{x=\frac{1}{2p+p_1}\left\{\frac{a^2 p_1}{2(a+\alpha)}+4ap-2S\right\}}^{x=2a}(2a-x)\left[S+\frac{ap_1(3a+4\alpha)}{4(a+\alpha)}-\frac{p+p_1}{2}(2a-x)\right]dx+$$

$$+\int_{x=2a-\frac{2\left[S+\frac{p_1}{4a}\left\{3a^2+\alpha(a-\alpha)\right\}\right]}{p_1}}^{x=\frac{1}{2p+p_1}\left\{\frac{a^2 p_1}{2(a+\alpha)}+4ap-2S\right\}}(2a-x)^2\,\frac{p}{2}\,dx+$$

$$+\int_{x=0}^{x=2a-\frac{2\left[S+\frac{p_1}{4a}\left\{3a^2+\alpha(a-\alpha)\right\}\right]}{p_1}}(2a-x)\left[(2a-x)\frac{p+p_1}{2}-S-\frac{p_1}{4a}\left\{3a^2+\alpha(a-\alpha)\right\}\right]dx$$

dans laquelle le coefficient de dx qui se trouve sous chacun des signes d'intégration est le maximum du moment des forces extérieures pris par rapport à la section située à la distance x du pivot et les limites des intégrales sont les distances au pivot qui fixent la position des sections entre lesquelles les fatigues maxima représentées par le coefficient de dx sont applicables.

Cette expression suppose pour le longeron à section variable les mêmes réactions aux extrémités de la volée et de la culasse que pour le longeron à section constante, hypothèse admise par tous les ingénieurs pour déterminer la forme d'égale résistance des poutres a plusieurs travées.

Les intégrations étant effectuées, la somme des trois intégrales peut s'exprimer par

$$S^3 + A S^2 + B S + C,$$

A, B et C étant des quantités indépendantes de S.

En égalant à zéro la dérivée par rapport à S on trouve l'équation.

$$3 S^2 + 2 A S + B = o,$$

que l'on peut facilement résoudre par rapport à S (voir l'application numérique à la fin de cet article, § 7). *La valeur positive de S qui y satisfait représente pour un longeron dont la section est variable, comme il est dit plus haut, l'effort de calage qui, eu égard à la fatigue dans toutes les sections, permet de donner le minimum de poids à la partie du longeron qui appartient à la volée.*

B. CULASSE.

Passons à l'examen de l'équation (20)

$$\frac{\varepsilon\mu}{h'} = (2\alpha + x)\left[\frac{p + p_1}{2}(2\alpha + x) - \frac{aS}{\alpha} - \frac{p_1}{4\alpha}\left\{3\alpha^2 - a(a-\alpha)\right\} + \frac{p(a^2 - \alpha^2)}{\alpha}\right]$$

et remarquons d'abord que pour l'établir on a supposé x, qui représente la distance d'une section quelconque du longeron au pivot, négatif dans la culasse. Si donc on remplace dans (20) x par $-x$ on obtiendra la nouvelle équation

$$\frac{\varepsilon\mu}{h'} = (2\alpha - x)\left[\frac{p + p_1}{2}(2\alpha - x) - \frac{aS}{\alpha} - \frac{p_1}{4\alpha}\left\{3\alpha^2 - a(a-\alpha)\right\} + \frac{p(a^2 - \alpha^2)}{\alpha}\right] \quad \ldots \ldots (35)$$

dans laquelle la distance d'une section de la culasse au pivot pourra être considérée comme positive.

Nous adopterons cette nouvelle équation dans la discussion qui va suivre.

La valeur de x qui rend nul le dernier facteur du second membre de (35) est

$$x_1 = 2\alpha - \frac{\dfrac{p_1}{4\alpha}\left\{3\alpha^2 - a(a-\alpha)\right\} + \dfrac{aS}{\alpha} - \dfrac{p(a^2 - \alpha^2)}{\alpha}}{\dfrac{1}{2}(p + p_1)} \quad \ldots \ldots (36)$$

Elle est plus grande que 2α lorsque

$$S < \frac{4p(a^2 - \alpha^2) + a^2 p_1 - \alpha(3\alpha + a)p_1}{4a} \quad \ldots \ldots (37)$$

ou bien

$$\alpha < -\frac{a p_1}{2(4p + 3p_1)} + \sqrt{\frac{4a^2 p + a^2 p_1 - 4aS}{4p + 3p_1} + \frac{(a p_1)^2}{4(4p + 3p_1)^2}} \quad \ldots \ldots (38)$$

inégalités qui reviennent à la suivante

$$\frac{p\,(a^2 - \alpha^2)}{\alpha} > \frac{p_1}{4\alpha}\left\{ 3\alpha^2 - a\,(a - \alpha) \right\} + S_1$$

laquelle exprime (voir (17)) que le contrepoids est plus grand que la réaction qui s'exerce a l'extrémité de la culasse. Dans ce cas la culasse présente partout la forme d'une courbe dont la convexité est tournée vers le haut.

Lorsque la relation (37) ou ce qui revient au même la relation (38) existe, le maximum du second membre de l'équation (35) a lieu pour $x = o$. Ce maximum est

$$\left(\frac{\varepsilon\mu}{h'}\right)_1 = 2a^2p + \left\{ a^2 - \alpha\,(a - \alpha) \right\}\frac{p_1}{2} - 2aS \;.\;.\;.\;.\;.\;(39)$$

Dans l'hypothèse qui nous occupe, sa valeur est la plus grande possible pour $\alpha = o$ et cette plus grande valeur est

$$\left(\frac{\varepsilon\mu}{h'}\right)_1' = 2a^2p + \frac{a^2 p_1}{2} - 2aS \;.\;.\;.\;.\;.\;(40)$$

$\left(\dfrac{\varepsilon\mu}{h'}\right)'$ est donc la limite vers laquelle converge $\left(\dfrac{\varepsilon\mu}{h'}\right)_1$ lorsque la longueur de la culasse décroît indéfiniment.

Pour $\alpha = \dfrac{a}{2}$, $\left(\dfrac{\varepsilon\mu}{h'}\right)_1$ est un minimum et devient

$$\left(\frac{\varepsilon\mu}{h'}\right)_1' = 2a^2p + \frac{3}{8}\,a^2 p_1 - 2aS \;.\;.\;.\;.\;.\;(41)$$

mais il est à observer que cette valeur n'est admissible en présence de l'inégalité (37) ou (38) que pour autant que

$$\frac{a}{2} < \frac{-\,ap_1}{2\,(4p + 3p_1)} + \sqrt{\frac{4a^2p + a^2 p_1 - 4aS}{4p + 3p_1} + \frac{(ap_1)^2}{4\,(4p + 3p_1)^2}}\;\Bigg|\;.\;.\;.\;.\;(42)$$

$$S < \frac{3}{4}\,ap - \frac{ap_1}{16}\;.\;.\;.\;.\;.\;(43)$$

Supposons maintenant $x_1 < 2\alpha$, condition qui peut se mettre sous l'une des deux formes

$$S > \frac{4p\,(a^2 - \alpha^2) + a^2 p_1 - \alpha\,(3\alpha + a)\,p_1}{4a}\;.\;.\;.\;.\;(44)$$

$$\alpha > \frac{-\,ap_1}{2\,(4p + 3p_1)} + \sqrt{\frac{4a^2p + a^2 p_1 - 4aS}{4p + 3p_1} + \frac{(ap_1)^2}{4\,(4p + 3p_1)^2}}\;\Bigg|\;.\;.\;.\;.\;(45)$$

la fatigue sera nécessairement négative pour les sections de la culasse voisines de son extrémité.

Elle sera positive pour des sections comprises dans cette travée si l'on a

$$x_1 > o$$

ou

$$S < \frac{4a^2 p + \left\{ \alpha^2 + a\,(a - \alpha) \right\} p_1}{4a} \quad \ldots\ldots \ (46)$$

Si donc

$$S > \frac{4p\,(a^2 - \alpha^2) + a^2 p_1 - \alpha\,(3\alpha + a)\,p_1}{4a}$$

$$S < \frac{4a^2 p + \left\{ \alpha^2 + a\,(a - \alpha) \right\} p_1}{4a}$$

la fatigue sera négative dans une partie de la culasse, positive dans l'autre.

Enfin, la fatigue sera constamment négative dans toutes les sections de la culasse lorsque

$$S > \frac{4a^2 p + \left\{ \alpha^2 + a\,(a - \alpha) \right\} p_1}{4a} \quad \ldots\ldots \ (47)$$

En pratique cette condition ne peut se réaliser que si

$$p_1 < \frac{4a\alpha p}{a^2 + \alpha^2 - a\alpha}.$$

Dans le cas contraire on aurait $S > (a + \alpha)\,p$ et l'on soulèverait le pont par le calage.

Dans l'hypothèse $\frac{\varepsilon\mu}{h'}$ (35) négatif, c'est-à-dire $x_1 < 2\alpha$ $x > x_1$ l'équation (35) peut se mettre sous la forme

$$\frac{\varepsilon\mu}{h'} = -\,(2\alpha - x)\left[\frac{aS}{\alpha} + \frac{p_1}{4\alpha}\left\{ 3\alpha^2 - a\,(a - \alpha) \right\} - \frac{p\,(a^2 - \alpha^2)}{\alpha} - \frac{p + p_1}{2} \right.$$
$$\left. (2\alpha - x) \right] \quad \ldots\ldots \ (48)$$

le dernier facteur du second membre étant positif.

La dérivée du second membre par rapport à x est

$$\frac{aS}{\alpha} + \frac{p_1}{4\alpha}\left\{ 3\alpha^2 - a\,(a - \alpha) \right\} - \frac{p\,(a^2 - \alpha^2)}{\alpha} - (p + p_1)\,(2\alpha - x).$$

Pour $x = 2\alpha$ cette dérivée est positive, la fonction $\frac{\varepsilon\mu}{h'}$ diminue donc lorsque x diminue à partir de 2α et comme elle est négative la valeur de x tirée de la dérivée égalée à zéro correspondra à un maximum négatif de $\frac{\varepsilon\mu}{h'}$.

Cette valeur de x est

$$x_2 = 2\alpha - \frac{\dfrac{p_1}{4\alpha}\left\{ 3\alpha^2 - a\,(a - \alpha) \right\} + \dfrac{aS}{\alpha} - \dfrac{p\,(a^2 - \alpha^2)}{\alpha}}{p + p_1} \quad \ldots\ldots \ (49)$$

ou

$$x_2 = 2\alpha - \frac{\alpha\left(\frac{3}{4}\,p_1 + p\right) - \frac{1}{\alpha}\left(a^2 p + \frac{a^2 p_1}{4} - a\,S\right) + \frac{a p_1}{4}}{p + p_1} \quad \ldots \ldots (50)$$

En la substituant dans $\frac{\varepsilon\mu}{h'}$ (48) on trouve

$$\left(\frac{\varepsilon\mu}{h'}\right)_2 = -\frac{\left[\,p_1\left\{3a^2 - a\,(a - \alpha)\right\} + 4aS - 4p\,(a^2 - \alpha^2)\,\right]^2}{32\,\alpha^2\,(p + p_1)} \quad \ldots (51)$$

ou bien

$$\left(\frac{\varepsilon\mu}{h'}\right)_2 = -\frac{\left[\,\alpha\left(\frac{3}{4}\,p_1 + p\right) - \frac{1}{\alpha}\left(a^2\,p + \frac{a^2 p_1}{4} - a\,S\right) + \frac{a p_1}{4}\,\right]^2}{2\,(p + p_1)} \quad \ldots \ldots (52)$$

Cherchons quelles sont les valeurs de α qui rendent $\left(\frac{\varepsilon\mu}{h'}\right)_2$ numériquement un maximum et un minimum.

A cette effet remarquons qu'en vertu de la relation (44) on a

$$\alpha\left(\frac{3}{4}\,p_1 + p\right) - \frac{1}{\alpha}\left(a^2 p + \frac{a^2 p_1}{4} - a\,S\right) + \frac{a p_1}{4} > 0\;.$$

et supposons en premier lieu

$$a^2 p + \frac{a^2 p_1}{4} - aS > 0 \qquad \text{ou } S < ap + \frac{a p_1}{4}.$$

Dans ce cas la plus grande valeur numérique du second membre de l'équation (52) est donnée par $\alpha = a$. Par la substitution de a à α la fatigue $\left(\frac{\varepsilon\mu}{h'}\right)_2$ ainsi que x_2 deviennent

$$\left(\frac{\varepsilon\mu}{h'}\right)_2^1 = -\frac{\left(\frac{3}{4}\,a p_1 + S\right)^2}{2\,(p + p_1)}$$

$$x'_2 = -2a - \frac{\frac{3}{4}\,a p_1 + S}{p + p_1}.$$

Dans le même cas la plus petite valeur numérique du second membre de l'équation (52) correspond à la valeur de α qui le rend nul. Celle-ci est

$$\alpha_1 = -\frac{a p_1}{2\,(4p + 3p_1)} + \sqrt{\frac{4a^2 p + a}{4p} \cdot \frac{-4aS}{3p_1} + \frac{(a p_1)^2}{4\,(4p + 3p_1)^2}} \quad \ldots \ldots (53)$$

Cette valeur de α_1 n'est positive que pour autant que l'on ait

$$S < ap + \frac{a p_1}{4}. \quad \ldots \ldots (54)$$

3.

Elle rend égales à 2α les valeurs de x_1 et de x_2 déterminées par les équations (36) et (49) et elle est nulle lorsque $S = ap + \dfrac{ap_1}{4}$.

Supposons en second lieu

$$a^2 p + \frac{a^2 p_1}{4} - aS < 0. \quad . \quad . \quad . \quad . \quad (54)$$

condition qui s'exprime encore par l'une ou l'autre des deux inégalités

$$S > ap + \frac{ap_1}{4} . \quad . \quad . \quad . \quad . \quad (55)$$

$$\alpha > \frac{-ap_1}{2\,(4p + 3p_1)} + \sqrt{\frac{4a^2 p + a^2 p_1 - 4aS}{4p + 3p_1} + \frac{(ap_1)^2}{4\,(4p + 3p_1)^2}} . \quad . \quad . \quad . \quad (56)$$

La fatigue devenant partout négative dans la partie du longeron qui appartient à la culasse dès que

$$S > \frac{4a^2 p + \left\{ a^2 + a\,(a - \alpha) \right\} p_1}{4a}$$

(voir (47)), à plus forte raison dans le cas qui nous occupe, elle sera partout négative dans cette travée.

Lorsque l'une des deux conditions (55) ou (56) est satisfaite, la plus petite valeur numérique du second membre de l'équation (52) correspond à la valeur de

$$\alpha = \alpha_2 = \sqrt{\frac{4aS - 4a^2 p - a^2 p_1}{4p + 3p_1}} . \quad . \quad . \quad . \quad (57)$$

tirée de l'équation

$$\frac{3}{4} p_1 + p + \frac{1}{\alpha^2}\left(a^2 p + \frac{a^2 p_1}{4} - aS \right) = 0$$

que l'on obtient en égalant à zéro la dérivée du second membre de (52).

Pour s'assurer de l'existence de ce minimum il suffit de substituer successivement à α dans $\left(\dfrac{\varepsilon\mu}{h'} \right)_2$ les quantités

$$\sqrt{\frac{4aS - 4a^2 p - a^2 p_1}{4p + 3p_1}} \quad \text{et} \quad \sqrt{\frac{4aS - 4a^2 p - a^2 p_1}{4p + 3p_1}} + A$$

ce qui donne respectivement les résultats suivants :

$$\left(\frac{\varepsilon\mu}{h'} \right)_2 = - \frac{\left[\sqrt{(4aS - 4a^2 p - a^2 p_1)\,(4p + 3p_1)} + ap_1 \right]^2}{32\,(p + p_1)} . \quad . \quad . \quad . \quad (58)$$

$$\left(\frac{\varepsilon\mu}{h'}\right)_A = -\frac{\left[\,2\,\sqrt{(4aS-4a^2p-a^2p_1)(4p+3p_1)\,|}+A\,(4p+3p_1)-\right.}{32\,(p+p_1)}$$

$$\frac{\dfrac{A\,(4p+3p_1)\,\sqrt{(4aS-4a^2p-a^2p_1)(4p+3p_1)\,|}}{A\,(4p+3p_1)+\sqrt{(4aS-4a^2p-a^2p_1)(4p+3p_1)\,|}}+a\,p_1\left.\right]^2}{32\,(p+p_1)}\,,$$

par lesquels on voit que dès que la quantité A n'est pas nulle, qu'elle soit positive ou négative, on peut toujours la prendre numériquement assez petite pour que $\left(\dfrac{\varepsilon\mu}{h'}\right)_A$ l'emporte numériquement sur $\left(\dfrac{\varepsilon\mu}{h'}\right)'_2$.

La condition nécessaire pour que la fatigue $\left(\dfrac{\varepsilon\mu}{h'}\right)'_2$ se rapporte à une section comprise dans la culasse est

$$x'_2 > 0$$

x'_2 étant l'abscisse de la section où se produit la fatigue $\left(\dfrac{\varepsilon\mu}{h'}\right)'_2$.

Comme

$$x'_2 = 2\,\sqrt{\frac{4aS-4a^2p-a^2p_1\,|}{4p+3p_1}}-\frac{2\,\sqrt{(4p+3p_1)(4aS-4a^2p-a^2p_1)\,|}+ap_1}{4\,(p+p_1)}$$

valeur que l'on obtient en remplaçant α par sa valeur α_2 dans (50), cette condition se réduit à

$$\frac{2\,\sqrt{(4p+3p_1)(4aS-4a^2p-a^2p_1)\,|}+ap_1}{4\,(p+p_1)} < 2\,\sqrt{\frac{4aS-4a^2p-a^2p_1\,|}{4p+3p_1}}$$

ou

$$S > \frac{5}{4}\,ap + \frac{7}{16}\,ap_1$$

par conséquent en vertu de l'égalité (57) on doit avoir

$$\alpha_2 > \frac{a}{2}.$$

On trouve d'ailleurs $\alpha_2 = \dfrac{a}{2}$ en faisant $S = \dfrac{5}{4}\,ap + \dfrac{7}{16}\,ap_1$ dans l'équation (57).

Les quantités.

$$\frac{a}{2} \text{ et } \frac{5}{4}\, ap + \frac{7}{16}\, ap_1$$

sont donc les plus petites valeurs de α_2 et de l'effort de calage compatibles avec l'existence de la fatigue déterminée par l'équation (58). Elles donnent un minimum numérique de $\left(\frac{\varepsilon\mu}{h'}\right)''_2$ lequel est

$$\left(\frac{\varepsilon\mu}{h'}\right)''_2 = -\frac{a_2\,(p + p_1)}{2}.$$

Dans l'hypothèse que l'une des deux conditions (55) ou (56) est remplie, la plus grande valeur numérique du second membre de l'équation (52) a pour limite l'infini, laquelle limite correspond à $\alpha = o$. Le second membre de l'inégalité (56) devient négatif dans cette hypothèse et l'inégalité est satisfaite dès que α est plus grand ou égal à zéro.

Nous ferons observer ici que l'équation (51) ou (52) ne serait plus admissible si l'on avait

$$x_2 > 2\alpha$$

d'où l'on déduit

$$S < \frac{4p\,(a^2 - \alpha^2) + a^2 p_1 - \alpha\,(3\alpha + a)\,p_1}{4\,a}$$
$$x_2 < o$$

qui revient à

$$S > \frac{\alpha^2 p + \dfrac{5}{4}\,\alpha^2 p_1 + a^2 p + \dfrac{a^2 p_1}{4} - \dfrac{a\alpha p_1}{4}}{a}$$

la dernière condition ne peut jamais se réaliser sans soulever le pont par le calage.

Comme dans la pratique il ne peut y avoir aucun avantage à pousser l'effort de calage jusqu'à la valeur $S = ap + \dfrac{ap_1}{4}$ pour laquelle la fatigue est négative dans toute l'étendue de la volée et de la culasse (voir (22) et (47), on peut dire, en vertu de ce qui précède, que *dans le cas où la volée et la culasse d'un pont tournant sont chargées simultanément d'un poids uniformément distribué sur la totalité de chacune de ces travées, la fatigue négative des longerons dans la section appartenant à la culasse où cette fatigue est numériquement un maximum, a sa plus grande valeur numérique lorsque la longueur de la culasse est égale à celle de la volée.*

Dans la supposition $x_1 < 2\alpha\ x_1 > o$ conditions qui s'expriment encore par les inégalités suivantes :

$$S > \frac{4p\,(a^2 - \alpha^2) + a^2 p_1 - \alpha p_1\,(3\alpha + a)}{4\,a}$$

$$S < \frac{4\,a^2 p + \left\{ a^2 + a\,(a - \alpha) \right\} p_1}{4\,a}$$

(voir (44) et (46)), la fatigue est positive dans toutes les sections de la culasse pour lesquelles

$$x < x_1 = 2\,\alpha - \frac{\dfrac{p_1}{4\alpha} \left\{ 3\alpha^2 - a\,(a - \alpha) \right\} + \dfrac{aS}{\alpha} - \dfrac{p\,(a^2 - \alpha^2)}{\alpha}}{\dfrac{1}{2}\,(p + p_1)}$$

(voir (36)).

Cette fatigue est donnée par la formule

$$\frac{\varepsilon\mu}{h'} = (2\alpha - x) \left[\frac{p + p_1}{2}\,(2\alpha - x) - \frac{aS}{\alpha} - \frac{p_1}{4\alpha} \left\{ 3\alpha^2 - a\,(a - \alpha) \right\} + \frac{p\,(a^2 - \alpha^2)}{\alpha} \right]$$

Le maximum du second membre de cette équation ayant lieu pour $x = o$, si l'on remplace x par cette quantité il vient

$$\left(\frac{\varepsilon\mu}{h'} \right)_3 = 2a^2 p + \left\{ a^2 - \alpha\,(a - \alpha) \right\} \frac{p_1}{2} - 2aS \quad \ldots \ldots (59)$$

quantité qui est la plus grande possible pour $\alpha = a$ et qui est un minimum pour $\alpha = \dfrac{a}{2}$.

La plus grande valeur de $\left(\dfrac{\varepsilon\mu}{h'} \right)_3$ est donc

$$\left(\frac{\varepsilon\mu}{h'} \right)'_3 = 2a^2 p + \frac{a^2 p_1}{2} - 2aS$$

et la plus petite

$$\left(\frac{\varepsilon\mu}{h'} \right)'_3 = 2a^2 p + \frac{3}{8}\,a^2 p_1 - 2aS.$$

Les fatigues $\left(\dfrac{\varepsilon\mu}{h'} \right)_2$ et $\left(\dfrac{\varepsilon\mu}{h'} \right)_3$ deviennent numériquement égales lorsque

$$S = S_5 = \frac{2\alpha^2 p}{a}(\sqrt{2} - 1) + \frac{2\alpha^2 p_1}{a}\left(\sqrt{2} - \frac{11}{8} \right) + \frac{p_1}{4}\,(a - \alpha) + \frac{p\,(a^2 - \alpha^2)}{\alpha} \quad \ldots \ldots (60)$$

C'est pour un longeron à section constante soumis à l'action d'un poids uniformément distribué sur la totalité de la volée et de la culasse et simultanément sur ces deux travées l'effort de calage le plus avantageux à appliquer à l'extrémité de la volée au point de vue de la fatigue de la partie de ce longeron qui appartient à la culasse.

Cet effort est supérieur à celui déterminé par l'équation (27), car si l'on pose l'inégalité

$$\frac{2\alpha^2 p}{a}(\sqrt{2}-1)+\frac{2\alpha^2 p_1}{a}\left(\sqrt{2}-\frac{11}{8}\right)+\frac{p_1}{4}(a \quad \alpha)+\frac{p(a^2-\alpha^2)}{\alpha}>2\,a\,p$$

$$(\sqrt{2}-1)+2ap_1\left(\sqrt{2}-\frac{11}{8}\right)-\frac{\alpha p_1(a-\alpha)}{4a}$$

on en déduit.

$$(\sqrt{2}-1)\left\{2a^2 p-2\alpha^2 p_1^5\right\}+\left(\sqrt{2}-\frac{11}{8}\right)\left\{2a^2 p_1-2\alpha^2 p_1\right\}<\frac{2a^2 p-2\alpha^2 p}{2}$$

$$+\frac{\{2a^2 p_1-2\alpha^2 p_1\}}{8},$$

inégalité qui est évidente.

Quand la condition (60) est remplie $\left(\dfrac{\varepsilon\,\mu}{h'}\right)_2$ et $\left(\dfrac{\varepsilon\,\mu}{h'}\right)_3$ deviennent

$$\left(\frac{\varepsilon\,\mu}{h'}\right)_4=\alpha^2(p+p_1)(6-4\sqrt{2}).$$

Il est à remarquer que cette fatigue est indépendante de la longueur de la volée.

Si l'on compare les fatigues qu'éprouvent les longerons à la culasse quand le pont est ouvert, à celles qu'ils subissent dans la même travée lorsque le pont est fermé et mis à la serre et chargé d'un poids uniformément distribué sur la totalité de la volée et de la culasse et si l'on fait à cet effet les mêmes calculs que ceux indiqués précédemment pour la partie des longerons qui appartient à la volée, on trouve :

1° Que *dans toutes les sections du longeron situées dans la culasse à une distance* x_3 *du pivot inférieure à*

$$2\alpha-\frac{2\left[\dfrac{p_1}{4\alpha}\left\{3\alpha^2-a(a-\alpha)\right\}+\dfrac{aS}{\alpha}-\dfrac{2p(a^2-\alpha^2)}{\alpha}\right]}{2p+p_1}$$

la fatigue, quand le pont est ouvert, sera plus grande numériquement que la fatigue négative dans les mêmes sections lorsqu'il est fermé et chargé d'un poids uniformément réparti simultanément sur la totalité de la volée et de la culasse, et que, dans toutes les sections plus éloignées du pivot, la fatigue négative lorsque le pont est fermé, l'emportera numériquement sur la fatigue qui se produira dans les mêmes sections quand le pont est ouvert.

2° Que *dans toutes les sections du longeron situées dans la culasse à une distance* x_4 *du pivot inférieure à*

$$2\alpha - \frac{2\left[\frac{p_1}{4\,\alpha}\left\{3\,x^2 - a\,(a-\alpha)\right\} + \frac{a\,S}{\alpha} - \frac{2\,p\,(a^2-\alpha^2)}{\alpha}\right]}{p_1}$$

la fatigue positive, quand le pont est fermé et chargé d'un poids uniformément réparti simultanément sur la totalité de la volée et de la culasse, sera plus grande que lorsqu'il est ouvert et que dans toutes les sections plus éloignées du pivot la fatigue positive quand le pont est fermé sera inférieure à celle qui, le pont étant ouvert, se produira dans les mêmes sections.

Comparons encore les fatigues qu'éprouvent les sections des longerons situés à égale distance de part et d'autre du pivot, le pont étant mis a la serre et chargé d'un poids uniformément distribué simultanément sur la totalité de la volée et de la culasse.

Posons à cette fin.

$$(2\,a-x)\left[\frac{p+p_1}{2}\,(2\,a-x) - S - \frac{p_1}{4\,a}\left\{3\,a^2 + \alpha\,(a-\alpha)\right\}\right] = (2\,\alpha-x)$$

$$\left[\frac{p+p_1}{2}\,(2\,\alpha-x) - \frac{a\,S}{\alpha} - \frac{p_1}{4\,\alpha}\left\{3\,\alpha^2 - a\,(a-\alpha)\right\} + p\,(a^2-\alpha^2)\right]. \ldots (61)$$

L'égalité est satisfaite pour

$$S = S^6 = \frac{a^2\,(4\,p+p_1) - \alpha\,(a-\alpha)\,p_1}{4\,a} - \alpha\,(p+p_1) \ldots (62)$$

Il est à observer que cette valeur de S est indépendante de x ou de la position des sections par rapport au pivot et qu'ainsi *par un seul et même effort de calage on peut, lorsque le pont est chargé d'un poids uniformément réparti simultanément sur la totalité des deux travées, rendre les fatigues que subissent les longerons dans les sections de la volée situées à des distances quelconques du pivot égales aux fatigues qu'éprouvent ces pièces dans les sections situées à la même distance du pivot et appartenant à la culasse.*

Ces fatigues s'expriment par la formule très-simple

$$\left(\frac{\varepsilon\,\mu}{h'}\right)_5 = \frac{(2\,a-x)\,(2\,\alpha-x)\,(p+p_1)}{2}$$

Les valeurs de x qui rendent nuls les deux membres de l'équation (61) deviennent alors

$$x_5 = 2a \qquad x_6 = 2\alpha \quad \text{pour la volée;}$$
$$x'_5 = 2a \qquad x'_6 = 2\alpha \quad \text{pour la culasse.}$$

Comme la longueur de la culasse ne dépasse pas 2α, la valeur $x'_5 = 2a$ n'est pas admissible et la valeur $x'^6 = 2\alpha$ est seule applicable à la partie du longeron qui appartient à la culasse.

La fatigue est donc partout positive dans cette partie du longeron. Dans celle qui correspond à la volée, elle est positive ou négative selon que la section se trouve à une distance du pivot moindre ou plus grande que 2α.

Pour que S_6 soit positif il faut que $p_1 < \dfrac{4\,a\,p_1\,(a-\alpha)}{5\,a\,\alpha - \alpha^2 - a^2}$

On peut aussi dans le cas d'une charge uniformément distribuée simultanément sur la totalité de la volée et de la culasse rendre égales les fatigues subies par les longerons dans les sections situées à égale distance de part et d'autre du pivot en donnant à la culasse une longueur telle que

$$\alpha = \frac{2a}{p_1}\left(p + \frac{5}{4}\,p_1\right) \pm$$

$$\sqrt{\left\{\frac{2a}{p_1}\left(p + \frac{5}{4}\,p_1\right)\right\}^2 - \frac{4a}{p_1}\left\{ap + \frac{ap_1}{4} - S\right\}}$$

égalité qui, lorsque l'effort de calage est nul, se réduit à

$$\alpha = \frac{2a}{p_1}\left(p + \frac{5}{4}\,p_1\right) \pm$$

$$\sqrt{\left\{\frac{2a}{p_1}\left(p + \frac{5}{4}\,p_1\right)\right\}^2 - \frac{4a}{p_1}\left(ap + \frac{ap_1}{4}\right)}$$

Les surélévations de l'extrémité de la volée et de la culasse qui correspondent à des efforts donnés de calage peuvent se déterminer comme suit :

On posera la condition que lorsque la volée et la culasse du pont sont chargées simultanément sur toute leur étendue, les courbes affectées par les longerons ont leurs tangentes horizontales dans la section qui correspond au pivot, ou parallèles à l'axe des abscisses.

En faisant $x = o$ dans l'équation (3) de la page 83 on aura donc $\dfrac{df}{dx} = o$, par suite $c_2 = o$, et comme $c'_2 = o$ (voir la relation (9) de la page 29) on aura (voir (3^2)),

$$\varepsilon f = p\left\{a^2 x^2 + \frac{x^4}{24} - \frac{ax^3}{3}\right\} - S\left(ax^2 - \frac{x^3}{6}\right).$$

Remplaçant x par $2a$ dans cette dernière, on trouve

$$\varepsilon h = 2\,p\,a4 - \frac{8\,a^3}{3}\,S \quad \ldots \ldots \quad (63)$$

Substituant cette valeur de εh dans l'équation (20) et ayant égard à la relation

$$\frac{\varepsilon\,\mu}{h'} = 2\,a^2\,p \quad \ldots \ldots \quad (64)$$

qui exprime la fatigue du longeron dans la section passant par le pivot, lorsque le pont est ouvert, il vient :

$$h_1 = \frac{\alpha^2 \left(4\,a^2\,p - \alpha^2\,p - 4\,a\,S\right)\,\mu}{3\,a^2\,p\,h'}.$$

La relation (63) donne d'ailleurs en ayant égard à (64)

$$h = \frac{3\,p\,a^2 - 4\,a\,S}{3\,p}\,\frac{\mu}{h'}.$$

Si maintenant on désigne par h^0_1 et h^0 les valeurs particulières que prennent h_1 et h lorsque $S = o$ on aura

$$h^0_1 = \frac{\alpha^2 \left(4\,a^2\,p - \alpha^2\,p\right)\,\mu}{3\,a^2\,p\,h'} \qquad h^0 = a^2\,\frac{\mu}{h'} \quad \ldots \ldots \quad (65)$$

$$h^0_1 - h_1 = \frac{4\,\alpha^2\,S}{3\,a\,p}\,\frac{\mu}{h'} \quad \text{et} \quad h^0 - h = \frac{4\,a\,S}{3\,p}\,\frac{\mu}{h'} \quad \ldots \ldots ; \quad (66)$$

Les deux dernières équations font connaître respectivement les surélévations de l'extrémité de la volée et de la culasse qui correspondent à un effort de calage S exercé à l'extrémité de la volée pour une hauteur du longeron égale à $2\,h'$

Les calculs qui précèdent sont longs, mais les résultats en sont simples et d'une application peu laborieuse. On pourra en juger par l'exemple suivant qui permettra aussi d'apprécier le degré d'utilité de ces calculs.

Supposons un pont tournant dont la volée ait une portée de 20 mètres, la culasse une longueur de $15^\mathrm{m}.00$ qui pèse 1,550 kilogrammes et soit destiné à porter une surcharge de 2,500 kilogrammes, par mètre courant de chaque longeron

On a donc $a = 10^\mathrm{m}$, $\alpha = 7^\mathrm{m}.50$, $p = 1{,}550^\mathrm{k}$, $p_1 = 2{,}500^\mathrm{k}$.

En substituant ces valeurs aux quantités a, α, p et p_1 dans les formules précédentes on trouve :

$$1° \qquad 2\,a^2\,p = 310{,}000$$

pour la fatigue d'un longeron dans la section qui correspond au pivot lorsque le pont est ouvert.

$$2° \qquad 2\,a^2\,p + \left\{ a^2 - \alpha\,(a - \alpha) \right\}\,\frac{p_1}{2} = 411562{,}50$$

pour la fatigue d'un longeron dans la même section, le pont étant fermé sans être calé et soumis à l'action d'une surcharge de 2,500 kilogrammes par mètre courant de longeron à la volée et à la culasse.

Le second chiffre est notablement supérieur au premier, de sorte que dans la section passant par le pivot les longerons du pont souffriront beaucoup plus quand il sera fermé et chargé, sans être mis à la serre, que lorsqu'il sera ouvert.

$$3° \qquad S_1 = 13184^\mathrm{k}.,$$

pour l'effort de calage le plus avantageux à appliquer à l'extrémité de chaque longeron du côté de la volée dans le cas où les sections de ces pièces sont constantes et qu'elles sont soumises successivement à l'action : 1° d'une surcharge de 2,500ᵏ par mètre courant de longeron à la volée et à la culasse et 2° d'une surcharge semblable à la volée seulement.

Par l'application de cet effort la fatigue d'un longeron dans la section passant par le pivot devient

$$2a^2 p + \left\{ a^2 - \alpha \, (a - \alpha) \right\} \frac{p_1}{2} - 2a S_4 = 441562,50 - 263680 = 147882,50$$

Ce dernier chiffre et le nombre 441562,50 trouvé au 2° ci-dessus sont dans le rapport de 0,339 à 1. La fatigue dans la section qui correspond au pivot est donc rendue par le calage environ trois fois moindre que celle qui se produirait dans cette section si le pont n'était pas mis à la serre. Ce résultat montre combien il peut être avantageux dans certaines circonstances d'avoir recours à un calage convenable pour diminuer la fatigue du pont lors du passage de fortes charges.

Lorsque $S_4 = 13184^k$ on a aussi :

$$1° \qquad m'_1 = - \frac{\left[S_4 + \dfrac{a p_1 \, (3\,a + 4\,\alpha)}{4\,(a + \alpha)} \right]^2}{2\,(p + p_1)} = - 147882,50$$

pour la fatigue négative maxima à la volée d'un longeron soumis à l'action d'une surcharge de 2,500 kilogrammes par mètre courant, appliquée seulement à la volée, et cette fatigue maxima se produit dans l'action éloignée du pivot de la quantité.

$$x_1 = 2a - \frac{S_4 + \dfrac{a p_1 \, (3\,a + 4\,\alpha)}{4\,(a + \alpha)}}{p + p_1} = 11^m.46.$$

$$2° \ m'_1 = - \frac{\left[\dfrac{a S_4}{\alpha} + \dfrac{\alpha p_1 \, (3\,\alpha + 4\,a)}{4\,(a + \alpha)} - \dfrac{p\,(a^2 - \alpha^2)}{\alpha} \right]^2}{2\,(p + p_1)} = - 70217.$$

pour la fatigue négative maxima à la culasse d'un longeron soumis à l'action d'une surcharge de 2,500 kilogrammes par mètre courant appliquée seulement à la culasse, et cette fatigue maxima se produit dans la section éloignée du pivot de la quantité

$$x_1 = 2\alpha - \frac{\dfrac{a S_4}{\alpha} + \dfrac{\alpha p_1 \, (3\,\alpha + 4\,a)}{4\,(a + \alpha)} - \dfrac{p\,(a^2 - \alpha^2)}{\alpha}}{p + p_1} = 8^m.76.$$

Dans le même cas, c'est-à-dire $S_4 = 13184^k$ on a encore

$$\left(\frac{\varepsilon \mu}{h'} \right)_2 = - \frac{\left[p_1 \left\{ 3\,a^2 + \alpha\,(a - \alpha) \right\} + 4\,a S_4 \right]^2}{32\,a^2\,(p + p_1)} = - 135301$$

pour la fatigue négative maxima à la volée d'un longeron soumis à l'action d'un surcharge de 2,500^k par mètre courant à la volée et à la culasse, et

$$x_2 = 2\,a - \frac{p_1 \left\{ 3\,a^2 + \alpha\,(a - \alpha) \right\} + 4\,a\,S_4}{4\,a\,(p + p_1)} = 11^m.83$$

pour la distance au pivot de la section où se produit ce maximum.

Le chiffre 135301 est assez différent de celui 147882 50 trouvé plus haut pour que dans la détermination du maximum négatif on ne se borne pas à considérer le cas d'une surcharge distribuée simultanément sur la volée et la culasse. Il faut bien dans la pratique avoir égard au cas où la surcharge n'agit que sur la volée seulement.

Enfin, dans la même hypothèse, $S_4 = 13184$, on a

$$M'_2 = 2\,a^2\,p + 2\,a^2\,p_1 - 2\,a\,S_4 - \frac{a^2\,p_1}{a + \alpha}\left(\frac{3}{2}\,a + 2\,\alpha\right) = 117749,$$

pour la fatigue d'un longeron dans la section qui correspond au pivot, le pont étant fermé et soumis à l'action d'une surcharge de 2,500 kilogrammes par mètre courant de longeron appliquée seulement à la volée.

Le chiffre 117749 est notablement inférieur au nombre 147882,50; ce qui montre que dans la pratique, pour la détermination du maximum de la fatigue positive, il faut bien considérer le cas où la surcharge occupe simultanément la volée et la culasse.

Les surélévations à l'extrémité de la volée et de la culasse qui correspondent à l'effort de calage $S_4 = 13184^k$ sont respectivement (voir les équations (64) et (65)), dans l'hypothèse que les longerons aient une hauteur de $1^m.20$ et que $\mu = 0,0003$,

$$h^0 - h = 0^m.05 - (- 0^m.0067) = 0^m.0567$$
$$h^0{}_1 - h_1 = 0^m.0322 - 0^m.000329 = 0^m.0318$$

$$4^o \quad S = o \left\{ \begin{array}{l} m'_1 = - \dfrac{\left[\dfrac{a\,p_1\,(3\,a + 4\,\alpha)}{4\,(a + \alpha)}\right]^2}{2\,(p + p_1)} = - 56689,34 \\[4ex] x_1 = 2\,a - \dfrac{a\,p_1\,(3\,a + 4\,\alpha)}{4\,(a + \alpha)\,(p + p_1)} = 14,71 \end{array} \right.$$

$$S = o \left\{ \begin{array}{l} \left(\dfrac{\varepsilon\,\mu}{h'}\right) = - \dfrac{\left[p_1 \left\{ 3\,a^2 + \alpha\,(a - \alpha) \right\}\right]^2}{32\,a^2\,(p + p_1)} = - 48997 \\[4ex] x_2 = 2\,a - \dfrac{p_1 \left\{ 3\,a^2 + \alpha\,(a - \alpha) \right\}}{4\,a\,(p + p_1)} = 15^m.09 \end{array} \right.$$

$$S = o \quad M'_2 = 2a^2 p + 2a^2 p_1 - \frac{a^2 p_1}{a+\alpha}\left(\frac{3}{2}a + 2\alpha\right) = 381429.$$

$$5° \qquad S_3 = \frac{\left\{a^2 - \alpha(a-\alpha)\right\}p_1}{4a} = 5078^k,$$

pour l'effort de calage exercé à l'extrémité du longeron du côté de la volée qui rend égale la fatigue qui se produit dans la section passant par le pivot, lorsque le pont est ouvert à la fatigue qui a lieu dans la même section lorsque le pont est fermé et qu'il porte une surcharge de 2,500^k par mètre courant de longeron à la volée et à la culasse.

Dans l'hypothése $S_3 = 5078$ on a pour la fatigue négative maxima à la volée

$$m'_1 = -\frac{\left[S_3 + \frac{a p_1(3a+4\alpha)}{4(a+\alpha)}\right]^2}{2(p+p_1)} = -86736,79.$$

Les surélévations à l'extrémité de la volée et de la culasse qui correspondent à l'effort de calage $S_3 = 5078^k$ sont respectivement (voir les équations (64) et (65)), dans l'hypothèse que les longerons aient une hauteur de 1^m.20 et que $\mu = 0,0003$,

$$h^o - h = 0^m.05 - 0^m.0281 = 0^m.0249$$
$$h^o{}_1 - h_1 = 0^m.0322 - 0^m.02 = 0^m.0122$$

$$6° \qquad S_6 = \frac{a^2(4p + p_1) - \alpha(a-\alpha)p_1}{4a} - \alpha(p + p_1) = -9797^k$$

pour l'effort de calage qui rend les fatigues que subissent les longerons dans les sections de la volée situées à des distances quelconques du pivot égales aux fatigues qu'éprouvent ces pièces dans les sections situées à la même distance du pivot et appartenant à la culasse, les deux travées du pont portant simultanément une surcharge de 2,500 kilogrammes par mètre courant de chaque longeron.

S_6 étant négatif cet effort de calage n'est pas admissible ici. Il est du reste à remarquer que, pour que S_6 soit positif il faut que l'on ait $p_1 < \dfrac{4ap(a-\alpha)}{5a\alpha - \alpha^2 - a^2}$ et par conséquent dans l'exemple dont il s'agit

$$p_1 < 708^k.$$

Pour remplir la condition qui fait l'objet de ce § en modifiant la longueur de la culasse, tout en conservant les autres données de l'exemple, il faudrait satisfaire à l'équation

$$\alpha \begin{subarray}{c} = \\ < \end{subarray} \frac{2a}{p_1}\left(p + \frac{5}{4}p_1\right) - \sqrt{\left\{\frac{2a}{p_1}\left(p + \frac{5}{4}p_1\right)\right\}^2 - \frac{4a}{p_1}\left(ap + \frac{ap_1}{4}\right)}$$

d'où l'on déduit $\alpha \begin{subarray}{c} = \\ < \end{subarray} 4^m.99$ et $2\alpha \begin{subarray}{c} = \\ < \end{subarray} 9^m.98$.

7° $11740327,61 + 45,4992. S + 0,0021235825. S^2 + 0,000000033014. S^3$
$5298845,77 + 141,2845. S + 0,0071503. S^2 + 0,00000012051121. S^3$
$1212723,79 - 230,529932. S - 0,00153123. S^2 - 0,0000000256. S^3$

respectivement pour chacune des intégrales définies des pages 247 et 248.

$18251897,17 - 43,746202. S + 0,00774265. S^2 + 0,000000127925. S^3$

Pour la somme de ces trois intégrales.

En égalant à zéro la dérivée de cette somme prise par rapport à S, on obtient l'équation

$$0,000000383775. S^2 + 0,0154853. S = 43,746202$$

qui donne

$$S = 2650^k,83,$$

pour l'effort de calage exercé à l'extrémité de chaque longeron du côté de la volée qui permet, dans le cas où les sections des longerons sont variables, de donner le minimum de poids aux parties des longerons qui appartiennent à cette travée.

Cet effort est inférieur à celui qu'il faut produire à l'extrémité de chaque longeron du côté de la volée pour que le pont reste calé lors du passage de la charge. Ce dernier est

$$S = 2 a p_1 \frac{a}{8 (a + \alpha)} = 3571^k.$$

Les surélévations à l'extrémité de la volée et de la culasse qui correspondent à l'effort de calage $S = 3571^k$, sont respectivement, dans l'hypothèse que les longerons aient une hauteur de $1^m.20$ et que $\mu = 0,0003$,

$$h^o - h = 0^m.05 - 0^m.0346 = 0^m.0154$$
$$h^o{}_1 - h_1 = 0^m.0322 - 0^m.0235 = 0^m.0087.$$

Lorsque $S = 2650^k.83$, on a

$$m'_1 = - \frac{\left[S + \frac{a p_1 (3 a + 4 \alpha)}{4 (a + \alpha)} \right]^2}{2 (p + p_1) \,|\!|} = - 71582,40$$

$$x_1 = 2 a - \frac{S + \frac{a p_1 (3 a + 4 \alpha)}{4 (a + \alpha)}}{p + p_1} = 14^m.06$$

$$\left(\frac{\varepsilon \mu}{h'} \right)_3 = 2 a^2 p + \left\{ a^2 - \alpha (a - \alpha) \right\} \frac{p_1}{2} - 2 a S = 358545,90$$

Les surélévations à l'extrémité de la volée et de la culasse qui correspondent à l'effort de calage $S = 2650^k$ sont respectivement, dans l'hypothèse que les longerons aient une hauteur de $1^m.20$ au pivot et que $\mu = 0,0003$

$$h^o - h = 0^m.05 - 0^m.0386 = 0^m.0114$$
$$h^o{}_1 - h_1 = 0^m.0322 - 0^m.0258 = 0^m.0064$$

Il est à remarquer que toutes les surélévations indiquées ci-dessus produisent l'horizontalité des longerons au pivot, lorsque le pont est totalement chargé.

Quand $S = 2650^k$ la somme des trois intégrales définies de la page 37, est représentée par le chiffre

$$18192722,85.$$

Si $S = 5000$ cette somme devient

$$18242723,03.$$

Supposons $S = 13000$.

La valeur de la 3me intégrale définie ne doit plus alors entrer en ligne de compte dans l'expression proportionnelle au poids du longeron des pages 247 et 248, car la limite inférieure

$$x = 2a - \frac{2\left[S + \frac{p_1}{4a}\left\{ 3a^2 + \alpha(a - \alpha) \right\} \right]}{p_1}$$

de la deuxième intégrale, laquelle limite est nulle pour $S = 5078^k$ est nécessairement négative pour $S = 13000$. Il faut par conséquent pour avoir l'expression qui est proportionnelle au poids du longeron admettre $x = o$ comme limite inférieure de la deuxième intégrale et prendre la somme de celle-ci et de la première.

La deuxième intégrale définie en y supposant $x = o$ pour limite inférieure est

$$6319238,28 - 16,2472.\ S - 0,0007567.\ S^2 - 0,000000011753.\ S^3$$

et l'on a pour la somme de celle-ci et de la première

$$18059465,89 + 29,2520.\ S + 0,0020479125.\ S^2 + 0,000000024262.\ S^3.$$

Faisant $S = 13000$ dans cette expression on obtient pour l'ensemble des trois termes le nombre

$$18832549,51.$$

En rapprochant les chiffres 18192722,85, 18242723,03, 18832549,51, on voit qu'ils diffèrent peu l'un de l'autre, de sorte que si les sections des longerons sont déterminées comme il est dit à la page 247, la valeur de l'effort de calage n'influera pas sensiblement sur le poids de ces pièces. On pourra donc dans ce cas régler l'effort de mise à la serre selon les données particulières de la question. Mais il faudra ne pas perdre de vue qu'une fois cet effort précisé et les sections des longerons calculées en conséquence, il ne sera plus permis de modifier le calage, à cause de la grande influence qu'un semblable changement est capable d'exercer sur la fatigue des pièces.

BROEKHANS.

Paris. — Imprimerie et librairie de E. Lacroix, rue des Saints-Pères, 54.

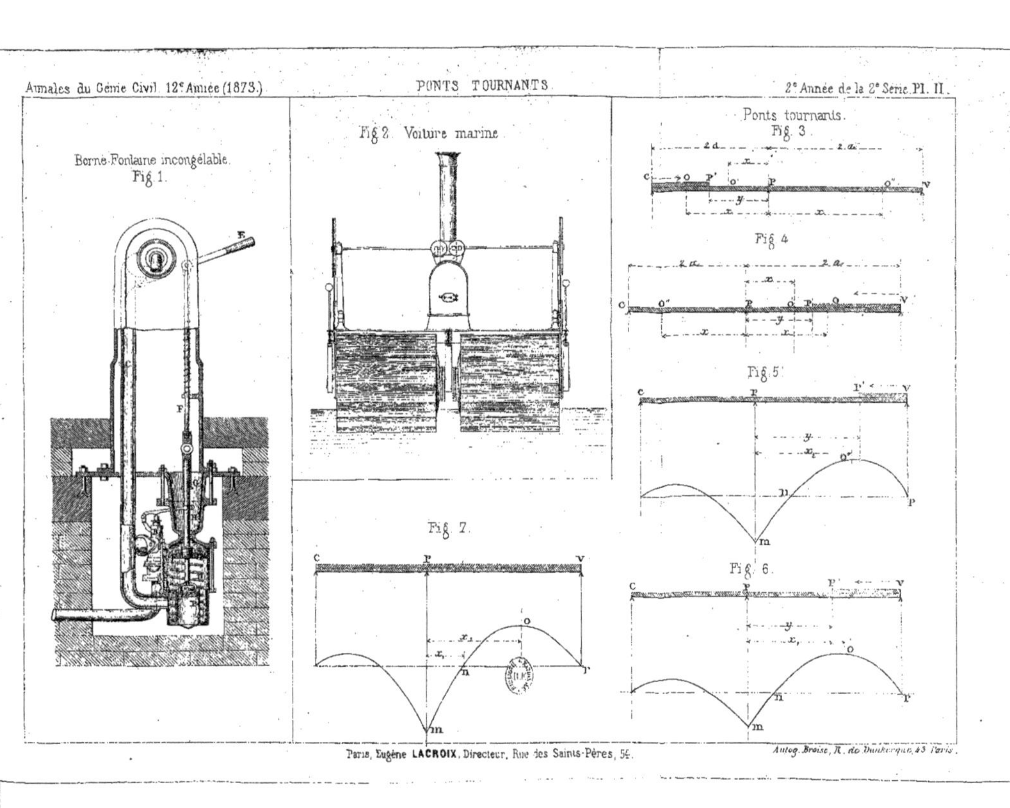
Borne-Fontaine incongélable.
Fig. 1.
Fig 2. Voiture marine
Ponts tournants.
Fig. 3.
Fig 4
Fig 5
Fig 6
Fig. 7

Publication trimestrielle. 3 fr. par an. — Le n° : 75 c.

BIBLIOGRAPHIE

DES

INGÉNIEURS, DES ARCHITECTES

DES

CHEFS D'USINES INDUSTRIELLES

DES

ÉLÈVES DES ÉCOLES POLYTECHNIQUE ET PROFESSIONNELLES

ET DES AGRICULTEURS

REVUE CRITIQUE DES LIVRES NOUVEAUX

PAR

E. LACROIX

Membre de la Société industrielle de Mulhouse, de l'Institut royal des Ingénieurs hollandais
et de la Société des Ingénieurs de Hongrie
Directeur et Fondateur des *Annales du Génie civil*

IVe SÉRIE, N° XII

PUBLICATIONS DU 4ᵐᵉ TRIMESTRE 1868

—

Prix : 75 c.

—

Avis. — Tous les ouvrages sans indication de prix n'ont pas été destinés à être livrés dans le commerce ; nous prions donc nos abonnés de ne pas nous en adresser la demande, nous ne pourrions que très-rarement les satisfaire. A cette occasion, nous prions ceux de nos lecteurs qui seraient en possession de quelques-uns de ces ouvrages, qui pour eux deviendraient sans utilité, de vouloir bien nous en proposer l'acquisition, pour nous aider à compléter notre collection et celle de quelques-uns de nos abonnés.

Nous ferons l'analyse de tous les livres (concernant les sciences, l'industrie et l'agriculture) dont il aura été adressé un exemplaire au bureau de la rédaction, 15, quai Malaquais.

PARIS

LIBRAIRIE SCIENTIFIQUE, INDUSTRIELLE ET AGRICOLE

Eugène LACROIX, Éditeur

Libraire de la Société des Ingénieurs civils

54, RUE DES SAINTS-PÈRES

Par les listes qui précèdent, nous obtenons un renseignement statistique qui ne laisse pas que d'avoir sa valeur : si beaucoup d'auteurs de livres traitant des sciences industrielles se plaignent de les voir rester dans les cases de leur éditeur, ils sauront qu'ils doivent s'en prendre en partie à l'indifférence du public en général et à la nonchalance des libraires brevetés.

Ainsi, voilà en France 15 libraires qui ont pensé qu'en souscrivant à 25 exemplaires de ma Bibliographie, que du reste je leur livre au prix de fabrication, qui ont pensé, dis-je, que cette petite dépense serait bien couverte s'ils distribuaient ces 25 numéros dans la partie de leur clientèle s'occupant plus spécialement d'études pratiques.

Il y a en France 4000 libraires ; sur ce nombre, 15 se sont occupés de communiquer la Bibliographie à leurs clients pour les mettre à même de prendre connaissance de toutes les publications récentes.

D'un autre côté, nous comptons à l'étranger 17 libraires qui ont souscrit pour un ensemble de 900 exemplaires.

C'est donc à l'étranger que nos ouvrages industriels sont le plus prisés ; ainsi, vous voyez pour la seule ville de Liége, 2 libraires souscrire, chacun à 100 exemplaires, de telle façon que dans une seule ville de Belgique, 200 personnes seront mises au courant de nos publications nationales ; à juste titre, elles les trouveront intéressantes et elles en feront acquisition. — Mais pendant que pour cette population de la seule ville de Liége (Belgique) vous trouverez 200 souscripteurs, pour toute la France vous en avez 375. — Qu'est-ce donc que la librairie en province ?

La conclusion est honorable pour notre nationalité : si nous laissons de côté les *marchands de livres inintelligents quoique brevetés*, au moins voyons-nous par cette statistique que les œuvres de nos savants, de nos professeurs, de nos ingénieurs sont grandement estimés à l'étranger, et l'on pourrait soutenir que si ce débouché intellectuel venait à nous manquer, à moins qu'une administration ne prît toute l'édition d'un livre, aucune impression d'un ouvrage traitant la science industrielle, ne serait possible.

E. L.

A

1104. ALPHAND. — **Les promenades de Paris.** Bois de Boulogne. Bois de Vincennes. Parc. Squares. Boulevards. Livraisons 11 à 14. Série II. Livraisons 1 à 4. In-f°, 45-64 p. avec grav. et 5 pl. Paris, imp. Claye.

Prix de la livraison : 5 fr. Edition sur papier de Hollande, 10 fr. Chaque série, 50 fr.; sur papier de Hollande 100 fr.

1105.* ANDRÉ (de Sétif). — Un chapitre sur la **culture du tabac.** *Annales du Génie civil,* livraison de novembre. 4 francs.

1106.* **Annales du Génie civil.** — Mois d'octobre, de novembre et de décembre.

Extrait du sommaire des matières : Savonimétrie par M. Cyrille Caillettet, pharmacien de 1re classe. — Distillation agricole pour grains, pommes de terre et betteraves (pl. XL), appareil d'Hector Mouquet. — Drainage et aération du sol (pl. XXXIX), par Naudé, géomètre-draineur. — Cuisines distillatoires, condensateurs d'eau douce et filtres (pl. XXXVII). — Machines à fabriquer le papier et perfectionnement des piles défileuses ou effilocheuses de MM. Miller et Herbert, à Edimbourg (pl. XXXVIII). — Sur les méthodes à employer pour l'essai et l'analyse des sucres, par M. Emile Monnier, chimiste. — Bois jaune, teinture et impression des tissus, par M. Dc Kaeppelin, chimiste-manufacturier. — Les boites à garnitures (pl. XLIII et XLIV). — Trajectoire d'un projectile dans l'air, par M. Emile Leclert, recherches de M. Merrifield. — Un chapitre sur la culture du tabac, par M. André, de Sétif. — L'ozone: l'ozone artificiel et l'ozone naturel, par M. Ernest Saint-Edme. — Sonnette à vapeur et à action directe, de M. J. Chrétien, avec fig. dans le texte.— Entretien et conduite des machines à vapeur.—Exploitation des carrières de grès, par M. Tronquoy. — Exploitation des chemins de fer : question de sécurité et d'économie, par M. Vidard. — Les ventilateurs employés dans les exploitations houillières et les travaux de siége (pl. XLV), par Gouvyeux.

Travaux des Sociétés savantes : Revue minière et métallurgique. — Travaux exécutés à l'étranger. — Inventions nouvelles. — Renseignements, Concours, Variétés.

Les **Annales du Génie civil** paraissent mensuellement depuis le 1er janvier 1862. Chaque livraison se composait de 4 feuilles grand in-8, avec figures intercalées dans le texte, et de 3 ou 4 planches grand in-4, de manière à former chaque année un volume de 850 pages et un atlas d'environ 40 planches. A partir de l'année 1869 et en raison du développement de la publication, chaque livraison se composera de 5 feuilles et de 4 pl., de manière à former au bout de l'année un volume de 900 à 1,000 pages et un atlas de 50 planches.

PRIX DE L'ABONNEMENT ANNUEL :

Pour toute la France *(franco)*.   20 fr.
Pour l'Etranger.   25 fr.
Pour les pays d'outre-mer.   30 fr.
Prix des numéros séparés *(franco)*.   4 fr.
Pour l'Etranger et pays d'outre-mer. 4 fr. 50
Les numéros des années écoulées sont très-rares.
Prix de chaque année écoulée prise séparément.
Franco pour toute la France.   25 fr.
Pour l'Etranger et pays d'outre-mer.   50 fr.

Aujourd'hui la collection complète des *Annales du Génie civil* est formée de 15 volumes accompagnés de neuf atlas, savoir :

1re année, 1er volume, 1862. 848 pages, avec 61 fig. et atlas de 35 pl.   25 fr.
2e année, 2e volume, 1863. 744 p., avec 25 fig. et atlas de 40 pl.   25 fr.
3e année, 3e volume, 1864. 792 p., avec 56 fig. et atlas de 41 pl.   25 fr.
4e année, 4e volume, 1865. 868 p., avec 55 fig. et atlas de 39 pl.   25 fr.
5e année, 5e volume, 1866. 864 p., avec 87 fig. et atlas de 43 pl.   25 fr.
6e année, 6e volume, 1867. 816 p., avec 71 fig. et atlas de 44 pl.   25 fr.
7e année, 7e volume, 1868. 907 p., avec 140 fig.   20 fr.

Supplément aux années 1867 et 1868, *ou Etudes sur l'Exposition universelle de* 1867.

Tome 1er, 8e du *Génie civil.* 1 vol., 492 pages, 80 figures et 14 pl.   15 fr.

Tome II, 9e du *Génie civil*. 1 vol.,
460 pages, 109 figures et 44 pl.   15 fr.
Tome III, 10e du *Génie civil*. 1 vol.,
456 pages, 80 figures et 37 pl.   15 fr.
Tome IV, 11e du *Génie civil*. 1 vol.,
480 pages, 78 figures et 55 pl.   15 fr.
Tome V, 12e du *Génie civil*. 1 vol.,
440 pages, 108 figures et 47 pl.   15 fr.
Tome VI, 13e du *Génie civil*. 1 vol.,
448 pages, 56 figures et 18 pl.   15 fr.
Tome VII, 14e du *Génie civil*. 460 p.,
fig. dans le texte et 27 planches.   15 fr.
Tome VIII, 15e du *Génie civil*. 2 li-
vraisons publiées sur 5.   15 fr.
    Total.   290 fr.
Ces 15 vol. seront terminés par une table des matières qui, sous la forme d'un fort vol., donnera l'idée d'un véritable dictionnaire technologique. Ce volume est gratuit pour tous les nouveaux et les anciens abonnés.
Le prix de souscription aux *Annales du Génie civil* étant de 20 fr. et le prix de souscription aux *Etudes sur l'Exposition*, supplément aux *Annales* pour les années 1867 et 1868, ayant été de 110 fr. à l'origine, tous les nouveaux abonnés pour 1869 pourront jouir de ce prix de faveur lorsqu'ils prendront la collection complète des *Annales du Génie civil*, soit les années 1862 à 1869. 8 vol. et 8 atlas à 20 fr.   160 fr.
Supplément à 1867 et 1868, t. VIII à XV, et 2 atlas de 150 pl. à 15 fr. 110 fr.
    Total.   270 fr.
1107. **Art** (l') **du tourneur**. Les cinq ordres. —Ordres toscan, dorique, ionique.—Style gothique, — Ordres corinthien et composite. — Style roman. — Style renaissance. — Style Louis XV. — Style grec moderne. — Style Louis XVI. Lith. par E. Zamor, E. Maincent, Paris, imp. Becquet.

B

1108. BALTET (Ch.), horticulteur à Troyes.— **L'art de greffer** les arbres, arbrisseaux et arbustes fruitiers ou d'ornement, pour les multiplier, les former ou les mettre à fruit. In-18 Jésus, 324 p. avec fig. Corbeil, imprim. Crété. 5 fr.
1109. BARRAU ET HEUZÉ. — Simples **notions sur l'agriculture**, les animaux domestiques, l'économie agricole et l'agriculture des jardins. *Nouvelle édition* refondue conformément au programme officiel de 1868 pour l'enseignement agricole dans les écoles rurales et les écoles normales, et contenant 78 vignettes et une carte de la France agricole. In-12, iv-284 p. Paris, imp. Dufour et Ce; 1 fr. 50 c.
1110. BAUTIER (Docteur). — **Flores partielles de la France** comparées; T. 1, Série des familles, genres et espèces. T. 2. Catalogue des localités. In-8°, 437 p. Dieppe, imp. Delevoye.

1111.* BEAU DE ROCHAS. — Commentaire de la loi portant création **d'une caisse d'assurance en cas d'accidents** résultant de travaux agricoles et industriels en ce qui touche la responsabilité des entrepreneurs; suivi de l'analyse des statuts de la Caisse sanitaire, association mutuelle des entrepreneurs pour la compensation des risques de leur responsabilité civile en matière d'accidents; in-8°, 127 p. Paris, imp. Kugelmann. 4 fr. 50 c.
1112. BEAUDOUIN (Jules).— Etudes physiologiques et économiques sur la **toison du mouton**, 2e *édition*. In-8, 40 p. Dijon, imp. Rabutot; Châtillon-sur-Seine.
1113. BECQUEREL (Edmond), de l'Institut de France.— **La Lumière**, ses causes et ses effets. T. 2. Effets de la lumière, In-8°, 584 p. et 2 pl. Mesnil, imp. Firmin Didot, les deux volumes, 6 fr.
1114. BELGRAND ET LEMOINE, ingénieurs des ponts et chaussées.— Etude sur le régime **des eaux du bassin de la Seine** pendant les crues du mois de septembre 1866. In-8°, 80 p. Paris, imp. Cusset et Ce.
1115. BERGER, jardinier, et autres membres de la Société d'horticulture pratique de l'Ain. — **Le paysan jardinier**, ou principes du jardinage, de la taille et de la conduite des arbres fruitiers, et des premiers éléments de floriculture. In-16, 128 p. et planches. Bourg, imp. Milliet-Bottier.
1116. BEUDANT. — **Minéralogie. Géologie.** 12e *édition*. In-12, xxii-43 p. Paris, imp. Raçon et Ce. 6 fr.
1117. BOLLEY (P.-A.), professeur de chimie à l'école polytechnique de Zurich. — **Manuel pratique d'essais** et de recherches **chimiques** appliquées aux arts et à l'industrie. Guide pour l'essai et la détermination de la valeur des substances naturelles ou artificielles employées dans les arts, l'industrie, etc. Traduit de l'allemand. Avec 98 figures dans le texte. In-18 jésus, viii-747 p. Corbeil, imp. Crété. 7f,50
1118. BONNEFOY, HUBAC, JOUBLIN, MOREL, MOUCHE et POSTEC, mécaniciens de la marine. — Les **machines à vapeur marines** et les propulseurs à l'Exposition universelle de 1867, 56 pl. In-8°, iv-178 p. Paris, imp. P. Dupont ; 11 fr. 50 c. *Extrait des Annales maritimes.*
1119.* BROISE et THIEFFRY. — **Album encyclopédique des chemins de fer**, publication autorisée par les Compagnies, paraissant par livraisons grand in-plano de 12 planches autographiées.
Prix de la livraison, 4 fr. Il paraît 10 à 12 livraisons par an.

SOMMAIRE DES 35e ET 36e LIVRAISONS.

35e Livraison.

409-410 Machine à 4 roues couplées. — Ensemble; au 1/20e. (Ouest.)

411-412 Plaque tournante de 12ᵐ,00 de diamè-
tre. — Ensemble. Lyon.
413 Treuil roulant à tambour pour grue de 10ᵗ
— Détails. Lyon.
414 Voiture à 2 étages (grand modèle) de Bour-
niquo et Vidard. — Vue par bout et coupe.
Ceinture.
415-416 Wagon-Ecurie. Lyon (ch. algériens).
417-418 Wagon à bagages. id.
419-420 Grue de 6ᵗ à pivot tournant et cuvelage
en fonte avec tambour. — Modèle de 1865.
— Elévation. Lyon.

36ᵉ *Livraison.*

421-422 Voiture de 1ʳᵉ classe, avec couloir in-
térieur. Lyon (ch. algériens).
423-424 Voitures mixtes. D°. id.
425-426 Voiture à impériale fermée. — Châssis
à doubles brancards. (Maze et Voisine.)
427-428 Grue de 6ᵗ à pivot tournant. —
Treuil. — Modèle de 1865. Lyon.
429-430 Voiture de 3ᵉ classe. Lyon (ch. Alg.).
431 Wagon plate-forme à bouts tombants. Id.
432 Machines express Crampton. — Diagrammes
et légendes. Lyon.
1120. BROSSARD, employé du génie militaire.
— Tables pour le **cubage des bois** en mètres. 4ᵉ *édition.* Petit in-12, 153 p. Gre-
noble, imp. Baratier frères et Dardelet.
1121. BRUTUS.—Nouveau traité sur l'expéri-
mentation des plantes et des **cultures de
tous les climats** ; In-12, 176 p. Limo-
ges, imp. Sourilas, Ardillier fils et Cⁱᵉ.
1 fr. 50.
1122. **Bulletin** de la Société de l'industrie
minérale. T. 12. 1866-1867. In-8°, 200 p.
Abbeville, imp. Briez.

C

1123. CAILLARD. — **Industrie agricole** et
manufacturière. Désagrégation de toutes
matières textiles filamenteuses, par pro-
cédé chimique. China grass (Urtica Utilis).
Chanvre et lin. Pâte à papier. In-8°, 48 p.
Provins, imp. Le Hériché, 1 fr.
1124. CAILLET, examinateur de la marine. —
Traité de navigation, à l'usage des
officiers de la marine militaire et de la
marine du commerce. 4ᵉ *édition.* In-8°,
vi-342 p. 9 fr.
1125.* CAILLETET (Cyrille), pharmacien de
1ʳᵉ classe. — **Savonimétrie**, *Annales
du Génie civil*, mois d'octobre. 4 francs.
1126. **Calepin de marine et de cubage.**
(École impériale forestière.) Supplément
au Cours d'exploitation de M. Nanquette.
In-8°, 24 p. Nancy, imp. Vᵉ Raybois.
1127. CHAUAUD, ingénieur des mines. — Du
rôle de **la chaux et de sa fabrication** au
point de vue agricole. 2ᵉ partie. In-16,
43-90 p. et pl. Montpellier, imp. Gras.
1128.* CHRÉTIEN (J.).—**Sonnette à vapeur**
à action directe. *Annales du Génie*

civil, livraison de novembre. 4 francs.
1129. COMMINES DE MARSILLY (de). — ancien
élève de l'École polytechnique. — Recherches mathématiques sur les **lois de la matière.** In-4°, viii-162 p. Paris, imp. Gau-
thier-Villars. 9 fr.
1130.* COURTOIS-GÉRARD, horticulteur. —
Manuel pratique de jardinage, contenant la manière de cultiver soi-même
un jardin ou d'en diriger la culture ;
7ᵉ *édition.* In-18 jésus, VIII-410 pages.
Paris, imp. Rouge frères, Dunon et Fresné;
3 fr. 50 c. (Bibliothèque des professions
industrielles et agricoles.)
1131. **Culture** (la), le rouissage et le teil-
lage du lin, 3ᵉ *édition.* In-8°, 39 p. et
planches. Lille, imprimerie Danel.

D

1132. DECAISNE et NAUDIN. — Manuel de
l'amateur des jardins. **Traité général
d'horticulture.** T. 3. Petit in-8°, 869 p.
imp. Firmin Didot; 7 fr. 50 c.
L'ouvrage complet forme 4 vol.
1133. DELESSE, ingénieur des mines. —
Études sur le **métamorphisme des ro-
ches.** In-8°, 99 pages. Paris, imp. Raçon
et Cᵒ. 2 fr. 50 cent.
1134. DELFORGE (H.), agronome. — **Traité
des constructions rurales** contenant
vues, plans, coupes, élévations, détails et
devis des bâtiments de ferme. Gr. in-fol.
Liége, A. Faust. 35 fr.
1135. DEMMIN. — **Histoire de la cérami-
que** en planches phototypiques inaltéra-
bles, avec texte explicatif. L'Asie, l'Amé-
rique, l'Afrique et l'Europe, par ordre
chronologique. Poteries opaques (faïences,
etc., et kaoliniques), porcelaines, pein-
tures sur lave, émaux sur métaux, vitraux et verreries, mosaïques. 1ʳᵉ, 2ᵉ, 3ᵉ
et 4ᵉ livraisons. In-folio, 5 p. et 8 pl.
Paris, imp. Bourdier. Chaque liv. 6 fr.
1136. Description des **machines et pro-
cédés** pour lesquels des brevets d'inven-
tion ont été pris sous le régime de la loi
du 5 juillet 1844, publiée par les ordres
de M. le ministre des travaux publics. T.
64. In-4° à 2 col., 439 p. et 52 pl. Paris,
imp. impériale. 15 fr.
1137. DES VAULX. — **L'Atelier du labou-
reur,** terrains, défrichements, engrais.
In-12, 177 p. Lille, imp. Lefort. 1 fr. 50.
— **Les animaux de la ferme.** In-12, 180
p. Lille. imp. Lefort. 1 fr. 50 c.
1138. DIDRON.— **Les Vitraux** à l'Exposition
universelle de 1867. In-4°, 62 p. Paris,
imp. Claye. 3 fr. 50 c.
1139. DMION et FERNET. — **Traité de
physique** élémentaire ; 3ᵉ *édition* 1ᵉʳ
fascicule. In-8°, 472 p. et 400 fig. Paris,
imp. Raçon et Cⁱᵉ. 7 fr.

1140.* Duffau, agent du service de la voie aux chemins de fer du Midi. Guide du constructeur, ou **analyse de prix** des travaux de bâtiments et ouvrages d'art comprenant la terrasse, la maçonnerie, la plâtrerie, le carrelage et le pavage, l'asphalte, la fumisterie, la marbrerie, la peinture, etc. ; avec un tableau du poids des fers carrés, méplats et ronds, des fils de fers, de la tôle, etc. 5ᵉ *édition*. In-8º, 566 p. Bordeaux, imp. Gounouilhou. 8 fr.

1141. Dunkelberg (W.-F), ingénieur agricole. — **De la création des prairies irriguées**, principes économiques et techniques. Traduit de l'Allemand par A. Cochard. Avec 2 pl. et 95 fig. dans le texte. In-8º, vii-215 p. Corbeil, imp. Crété. 4 fr.

1142. Dupuis (A). **Arbrisseaux et arbustes** d'ornement de pleine terre. In-18 Jésus, 125 p Paris, imp. Cusset et Cᵉ, 1 fr. 25 c.

1143.* Dupuy (le docteur). — **Conseils pratiques de santé** et premiers secours à donner en cas d'accident avant l'arrivée du médecin. In-18, 72 p. Saint-Cloud, imp. Vᵉ Belin. 20 c.

E

1144. Eck, architecte, ingénieur civil. — **Traité de construction en poteries, fers, tôles et briques.** Avec 84 pl. 1ᵉʳ volume. 2ᵉ *édition*. 1ʳᵉ et 2ᵉ parties. In-4º, 281 p. Abbeville, imp. Briez.

1145. **Emploi (De l') des chemins de fer** en temps de guerre. In-8º, 245 p et pl. Paris, imp. Cosse et Dumaine. 4 fr.

1145 *bis*. **Encyclopédie de la famille.** T. 7. Espagnolette-Germanicus. In-18 jésus à 2 col. 472 p. Mesnil, imp. Didot. 4 fr.

1146.* **Etudes sur l'Exposition de 1867.** — Annales et archives de l'industrie au xixᵉ siècle, nouvelle technologie des arts et métiers, des manufactures, de l'agriculture, des mines, etc. Description générale encyclopédique, méthodique et raisonnée de l'état actuel des arts, des sciences, de l'industrie et de l'agriculture, chez toutes les nations, etc. E. Lacroix, directeur de la publication. T. V. Gr. in-8, viii-440 p. et 47 pl. Paris imp. Bourdier, Capiomont fils et Cⁱᵉ, 2ᵉ édition. 20 fr.

Tome VI, grand in-8, 448 p., fig. dans le texte et 18 pl. 2ᵉ édition. 20 fr.

Tome VII, grand in-8, 460 p., fig. dans le texte et 27 pl. 2ᵉ édition. 20 fr.

Publication complémentaire des *Annales du Génie civil* pour les années 1867-1868. Voir les nᵒˢ précédents pour la table des matières des volumes publiés et le prix de vente des articles séparés.

Cet ouvrage se composera de 8 volumes chacun d'environ 500 pages grand in-8, accompagné de 1,000 à 1,200 fig. dans le texte, et de 2 atlas de 140 à 150 planches. Une table générale, méthodique et raisonnée des matières, et une table par noms d'auteurs, seront publiées et formeront un 9ᵉ volume supplémentaire et gratuit pour les souscripteurs.

Prix de la souscription. 120 fr.

Chaque volume, avec les planches qui lui appartiennent, se vend séparément. 20 fr.

L'ouvrage se subdivise aussi en 40 livraisons qui se vendent également séparément au prix de 5 fr.

F

1147.* Ferry (Hippolyte), membre de la Société de Géographie de Paris. **L'obélisque de Louxor.** Traduction littérale des inscriptions hiéroglyphiques couvrant les quatre faces de ce monument, précédée d'une notice biographique sur Champollion ; — d'un exposé du système hiéroglyphique des anciens Égyptiens ; — de l'alphabet hiérogylphique ; — d'exemples de signes grammaticaux et de numération ; — de l'analyse de divers noms antiques ; — d'une visite aux ruines de Babylone ; — avec mélange d'études et de considérations se rattachant aux événements les plus reculés de l'histoire. 1 vol. p. in-18, 96 pages avec la photographie des quatre faces de l'obélisque et bois gravés intercalés dans le texte, prix 1 fr.

1148. Figuier. — **Les merveilles de la science.** T. 3. Gr. in-8º à 2 col., 321-512 p. Corbeil, imp. Crété, 10 francs.

1149.* Forquenot. — **Notes sur les expériences de traction** de la compagnie d'Orléans (1857 à 1866) ; In-8º, 37 p. et 1 pl. Paris, imp. Capiomont. Société des ingénieurs civils, 2ᵉ trimestre 1868, 7 fr.

G

1150. Gasparin (de). — **Deuxième mémoire sur l'analyse des terres arables.** In-8º, 52 pages. Paris, imp. Lahure.

1150 *bis*. Gaucheron et Cotelle. — Nouveau **Cours d'agriculture** pratique. T. 1. In-8º, 226 p. Orléans, imp. Puget et Cᵉ. 1 fr. 25 cent.

1151. Geymet et Alker. — **Emaux photographiques.** Traité pratique, secrets, tours de mains, formules, palette complète, etc., du photographe-émailleur. In-12, 131 p. Bar-le-Duc, imp. Contant-Laguerre. 4 fr.

1152.* Gourcy (le comte de). — **Excursions agricoles** faites en 1866, en Lorraine, Berry, Limousin, Périgord, Dordogne, Bourbonnais, Tourraine et dans les environs de Paris. In-8º, 343 p. Angers, imp. Lachèse. 5 fr.

1153. Guyot (le docteur Jules). — Etude des vignobles de France, pour servir à l'enseignement mutuel de la viticulture et de la vinification françaises. T. 3. Région du centre nord, du nord-est et du nord-ouest. In-8°, 714 p. Paris, imp. impériale.

J

1154.* Jetot, géomètre. — Topographie générale ou signes et teintes conventionnelles des plans et cartes, 1 feuille, 2,50.

1155. Joly. — Traité pratique du chauffage, de la ventilation et de la distribution des eaux dans les habitations. In-8°, xii-212 p. Paris, imp. Lahure. 5 fr.

1156. Jonveaux. — Histoire de quatre ouvriers anglais : Maudslay, Stephenson, Fairbairn, Nasmyth. Précédé d'une introduction sur l'industrie du fer. In-18 jésus, vii-229 p. Coulommiers, imp. Moussin. 1 fr.

1157. Josselin, architecte. — De l'entreprise générale des travaux à forfait. Nouveau mode de traiter et d'exécuter toutes les constructions, établi dans l'intérêt particulier des constructeurs, communes ou propriétaires. In-8°, 41 p. Troyes, imp. Caffé.

L

1158. Lacoste. — Botanique, La Flore française vulgarisée. Herborisation. Cours complet. In-18 Jésus, 211 p. Clichy, imp. Loignon et Cᵉ.

1159. Lober. — Les Etablissements insalubres, dangereux ou incommodes, reconnus dans le décret du 31 décembre 1866. In-8°, 455 p. Lille, imp. Horemans.

M

1160.* Machines à vapeur. Entretien et conduite, avec fig. dans le texte. Annales du Génie civil, livraisons de novembre et de décembre, 8 fr.

1161. Mauzan, propriétaire-éducateur. — Guide des éducateurs de vers à soie. In-8°, 68 pages. Sisteron, imp. Bourlès.

1162.* Miller et Herbert. Machine à fabriquer le papier et perfectionner des piles défileuses ou effilocheuses (Pl. xxxviii). Annales du Génie civil, mois d'octobre. 4 fr.

1163 Millet-Robinet (Mme). Maison rustique des dames. 7ᵉ édition, 2 vol. In-18 jésus. 1340 p. Paris. imp. Raçon et Cᵉ. 7fr. 75 c.

— Maison rustique des enfants. 20 pl. hors texte et 120 dessins sur bois. In-4°.

520 p. Paris, imp. Raçon et Cⁱᵉ. 15 fr.

1164. Mols (F.). — La Question du barrage de l'Escaut. Projet d'un canal maritime de la mer du Nord à Anvers. In-8° de 24 pages. Bruxelles.

1165. Monbro, ingénieur. — Notice sur la chaudière Field, son principe, sa construction ; application des tubes Field aux chaudières existantes. In-8°, 19 p. et pl. Extrait du Bulletin mensuel de la Société des anciens élèves des Ecoles Impériales d'arts et métiers. Imp. Polytechnique de St-Nicolas-de-Port (Meurthe). 1 fr.

1166.* Monier (Émile). Sur les méthodes à employer pour l'essai et l'analyse des sucres. Annales du Génie civil, livraison d'octobre. 4 fr.

N

1167.* Naudé, géomètre-draineur.— Drainage et aération du sol. (Pl. xxxix). Annales du Génie civil, mois d'octobre. 4 fr.

P

1168. Petit-Lafitte. — Principes généraux de la multiplication et de l'amélioration des animaux domestiques (particulièrement de ceux de l'espèce bovine). In-8°, 16 p. Bordeaux, imp. Perey.

1169. Picq, ouvrier tonnelier— Manuel du tonnelier, donnant les mesures exactes des principaux tonneaux employés dans les vignobles. In-16. 16 p. Versailles, imp. Beau.

1170. Piron (F.-P.-J.), capitaine en premier au régiment du génie. — Manuel théorique du Mineur. Nouvelle théorie des mines précédée d'un exposé critique de la méthode en usage pour calculer la charge et les effets des fourneaux et d'une Etude sur la poudre de guerre. In-8° de 480 pages et 1 planche. Bruxelles. 15 fr.

1171. Poiré, professeur de physique et chimie au lycée impérial d'Amiens. — Leçons de chimie appliquée à l'industrie. In-18 jésus, iii-487 p. Paris, imp. Raçon et Cᵉ. 4 fr. 50 c.

1172. Pozzo-di-Borco, ancien élève de Grignon. — Le provignage et la nouvelle culture de la vigne en Corse. In-8°, 15 p. Ajaccio, imp. Marchi.

1173. Privat-Deschanel, professeur au lycée Louis le-Grand. — Traité élémentaire de physique. 6 pl. en couleur, 1ʳᵉ partie. In-8°, III-532 p. Paris, imp. Claye. L'ouvrage complet 10 fr.

R

1174. Rahon. — Inventions, améliorations

et perfectionnements apportés dans le débit des boissons depuis l'origine de cette industrie. In-4°, 40 p. Sedan, imp. Laroche, 1 fr.

1174. RÉSAL, ingénieur des mines. — Des applications de la mécanique à l'horlogérie. In-8°, 167 p. et 3 pl. Paris, imp. Cusset et C°.

1175. RICHARD, ingénieur civil. — La vérité sur les salines. In-8°, 16 p. Nancy, imp. Hinzelin et C°. 75 cent.

1176.* RICHON. — Le pétrole. Histoire, origine, extraction, traitement industriel et emplois du pétrole ; ses dérivés, leurs usages, accidents produits par le pétrole, moyens de les éviter. In-8°, 35 p. Metz, imp. Maline. 1 fr.

1177. ROCHET. — Étude sur le sol, les engrais et les plantes. In-8°, 135 p. Bordeaux, imp. Bord.

1178. ROGUET. — Traité de géométrie plane. In-8, 268 p. Corbeil, imp. Crété.

S

1179. SAGERET. — Du progrès maritime. In-8°, 404 p. Versailles, imp. Cerf ; 8 fr.

1180.* SAINT-EDME (Ernest). — L'ozone : l'ozone artificiel et l'ozone naturelle *Annales du Génie civil*, livraison de novembre. 4 fr.

1181.* SCHILLING (N.-A.), docteur en philosophie, ingénieur directeur de la Compagnie du gaz de Munich, rédacteur du journal « Für Gasbeleuchtung. » — Traité d'éclairage par le gaz, traduit de l'allemand par Ed. Servier, ingénieur des arts et manufactures, ingénieur sous-chef du service des usines de la Compagnie parisienne du gaz. 1 vol in-4° accompagné de 70 pl. cotées et de 310 figures dans le texte. — 561 pages, prix 45 fr.

1182. SIRA-KAWA. — Traité de l'éducation des vers à soie au Japon, par Sira-Kawa, de Sendaï (Osyou), traduit pour la première fois du Japonais. In-8° LXIV-234 pages et 24 pl. Paris, imp. impériale.

1183. Statuts de la Caisse sanitaire, association mutuelle des entrepreneurs pour la compensation des risques de leur responsabilité civile en matière d'accidents sur les travaux, déclaration d'existence du 26 septembre 1868. 1 br. in-8°, 16 pages, 50 c.

T

1184. TACKELS (C.-J.), capitaine d'infanterie. — Armes de guerre. Étude pratique sur les armes se chargeant par la culasse. — Les mitrailleuses, et leurs munitions. In-8° de 220 pages et 7 pl. Bruxelles.

1185.* TRONQUOY (Camille). — Exploitation des carrières de grès. *Annales du Génie civil*, livraison de novembre. 4 fr.

1186. TROOST, professeur. — Traité élémentaire de chimie. 2e *édition*, 421 fig. In-8°, 756 p. Paris, imp. Raçon et C° ; 7 fr.

V

1187. VIDAL. — Pêche et Pisciculture marine. In-8°, 15 p. Marseille, imp. Arnaud.

1188.* VIDARD (J.-B.), inspecteur de chemins de fer. — L'État et les compagnies de chemins de fer. De quelques questions de sécurité et d'économie. Lettre au ministre des travaux publics. In-8°, 44 p. imp. Bardier, Gapiomont C¹⁹ ; 2 fr.

1189.* VIGREUX et RAUX. — Théorie et pratique de l'art de l'ingénieur, du constructeur de machines et de l'entrepreneur de travaux publics. Ouvrage comprenant, sous le titre d'Introductions, les connaissances théoriques qui constituent la science de l'ingénieur, et sous le titre de Projets, dépendant de ces Introductions ; leurs applications directes à toutes les branches de l'industrie et des travaux publics ; par L. Vigreux, ingénieur civil, répétiteur du cours de construction des machines à l'École impériale et centrale des arts et manufactures, ancien élève de cette école et de l'Ecole impériale des arts et métiers de Châlons-sur-Marne, et A. Raux, ingénieur civil. Précédé d'une lettre aux auteurs par M. Ch. Callon, ingénieur civil, professeur à l'Ecole impériale et centrale des arts et manufactures. Partie didactique. Série A. Résistance des matériaux. Mémoire du projet n° 3. Calculs des dimensions des murs de soutènement. 8ᵈ livraison. Murs de soutènement. In-8°, 103-162 p. et pl. 10 et 11. Paris, imp. Hennuyer et fils. 3 fr.

1190. VILMORIN-ANDRIEUX. — Instructions pour les semis de fleurs de pleine terre, 5e *édition*. In-8°, 138 p. Paris, imp. Malteste et C°. 1 fr. 50 c.

1191. VIOLLET-LE-DUC, architecte. — Dictionnaire raisonné de l'architecture française du XIᵉ au XVIᵉ siècle. T. 10. In-8°, 421 p. Paris, imp. Martinet. 10 fr.

www.ingramcontent.com/pod-product-compliance
Ingram Content Group UK Ltd.
Pitfield, Milton Keynes, MK11 3LW, UK
UKHW021156220726
13924UKWH00003B/1149